VISUAL HAMMER

시장을 움직이는

비주얼 해머

로라 리스 지음 · 이희복 옮김

한울

이 도서의 국립중앙도서관 출판예정도서목록(CIP)은 서지정보유통지원시스템 홈페이지(http://seoji.nl.go.kr)와
국가자료공동목록시스템(http://www.nl.go.kr/kolisnet)에서 이용하실 수 있습니다.
CIP제어번호 : CIP2018013435(양장), CIP2018013437(학생판)

VISUAL HAMMER

Nail your brand into the mind with the emotional power of a visual

LAURA RIES(Author) I AL RIES(Preface)

Visual Hammer

Nail your brand into the mind with the emotional power of a visual

by Laura Ries

옮긴이의 말

　기업의 브랜드와 비주얼 커뮤니케이션의 역할이 커지고 있다. 브랜드 커뮤니케이션으로서 비주얼은 브랜드 아이덴티티를 보여주고, 콘셉트와 브랜딩에 매우 중요하다. 업계는 물론 학계에서도 브랜딩 전략을 개발하는 연구와 노력을 계속하고 있다. 이런 맥락에서 소비자의 머릿속에 브랜드를 차별화할 것을 주장한 잭 트라우트(Jack Trout)와 앨 리스(Al Ries)의 포지셔닝(Positioning) 이론은 1970~1980년대 미국은 물론 우리나라를 비롯해 전 세계적으로 인기를 끌며 오늘에 이르고 있다. 그러나 포지셔닝 전략의 거시적인 당위와 이론적인 적합성에도, 실무에서 비주얼 커뮤니케이션의 방법론으로 세부 전략을 제시한 사례는 드물다.

　역자가 이 책 『시장을 움직이는 비주얼 해머』를 처음 손에 들었을 때는 북유럽 신화의 천둥신 토르(Thor)의 망치 '묠니르(Mjolnir)'가 떠올랐다. 우리에게 마블 코믹스의 슈퍼 히어로로 더 잘 알려진 토르는 늘 손에 망치를 들고 등장한다. 그가 망치를 벼락처럼 내리치면 산은 평지가 된다. 실로 무시무시한 무기다. 다른 놀라운 능력도 있는데, 망치를 던지면 부메랑처럼 토르에게 되돌아온다. 마케팅 커뮤니케이션 전장에 선 마케터의 손에 '토르의 망치'가 있다면 어떨까? 어마어마한 능력으로 캠페인을 성공시킬 수 있을 것이다. 이 책은 토르의 망치처럼 비주얼의 힘으로 소비자의 머릿속에 브랜드를 확실하게 박아 넣어줄 방법을 제시한다.

『시장을 움직이는 비주얼 해머』는 그동안 업계와 학계에서 진행되어 온 연구나 발표된 저술과는 차별된 새로운 비주얼 전략 접근법을 제안한다는 점에서 신선하다. 이 책의 저자는 '포지셔닝' 이론과 몇 편의 저술로 국내에 잘 알려진 앨 리스의 딸 로라 리스(Laura Ries)다. 아버지의 영향을 받아 마케팅 분야로 뛰어든 로라 리스는 이 책에서 마케팅 전략의 최신 사례를 소개한다.

이 책에서 저자는 글로벌 기업의 브랜딩 활동을 '비주얼 해머'라는 새로운 용어로 소개하면서 비주얼을 활용한 전략적인 접근을 강조했다. 크게 11가지 접근 방법으로 '비주얼 해머'를 설명하면서 이론과 실제를 연결해 업계에서 활용할 수 있는 지침을 제시했다. '비주얼 해머'의 개념을 소개한 1장을 시작으로 2~12장에 걸쳐 총 11개의 장에서 언어적인 못, 형태, 색깔, 제품, 포장, 동영상, 창업자, 상징, 유명인, 동물, 유산 등 '비주얼 해머' 전략을 세부적으로 기술했다. 마지막 13장에서는 '비주얼 해머' 찾기를 결론으로 제시했다.

　이 책은 시장을 선도하고 소비자를 유혹하는 마케팅 전략을 위한 사고를 하고 시각적으로 발상하는 데 지침서로 활용될 수 있다. 독자들은 이 책을 통해 최신의 브랜드 사례와 글로벌 기업의 브랜딩을 시각적인 관점에서 접근하고 배울 수 있다. 또한 비주얼 중심으로 아이디어를 이끌어내도록 하므로, 기존의 책들과 차별화된다. 따라서 브랜드, 광고, 커뮤니케이션, 디자인 연구와 교육, 업계의 실무에서 두루 활용될 책이다. 다만 이 책은 외국 서적이므로, 국내의 사례가 거의 소개되지 않았다. 옮긴이로서 참으로 아쉬운 대목이다.

　책을 내기까지 한울엠플러스(주)의 도움이 있었다. 책의 기획에서 편집까지 정성을 기울여 더 좋은 책으로 완성해주었다. 우리말로 옮기는 과정에서 생긴 오류는 오롯이 역자에게 책임이 있다. 여러 부족함에도 관련 연구자에게 작은 도움이 된다면 큰 보람이겠다. 이 시간에도 마케팅 커뮤니케이션 과제로 씨름하는 현업인들에게, 이 책이 문제 해결의 실마리를 제공할 수 있기를 기대한다.

　이제 독자의 손에도 토르의 망치가 쥐어졌다. 그 이름은 바로 '비주얼 해머'다.

2018년 6월
이희복

차 례

서문

•

『포지셔닝』의 저자 앨 리스(Al Ries)

43년 전 나와 잭 트라우트(Jack Trout)는 잡지 ≪애드버타이징 에이지(Advertising Age)≫에 "포지셔닝 시대의 등장(The Positioning Era Cometh)"이라는 글을 연재했다.

9년 후 출판사 맥그로힐(McGraw-Hill)에서 『포지셔닝(Positioning: The Battle in Your Mind)』을 출간했다. 이때부터 '포지셔닝'은 마케팅에서 가장 많이 언급되는  용어가 되었다(2001년 맥그로힐은 『포지셔닝』 발간 20주년을 기념해 재출간했다).

지금까지 중국에서만 40만 부가 팔린 것을 포함해 전 세계적으로 150만 명 이상의 독자가 『포지셔닝』과 만났다.

43년이라는 시간은 급변하는 마케팅 분야에서 일관된 주장을 펼치기에는 꽤 긴 시간이다. 포지셔닝은 이제 구식이 되었다. 정말 그런가?

많은 기업은 여전히 자사 브랜드를 위해 포지셔닝 스테이트먼트를 작성한다. 다수의 마케팅 프로그램은 소비자의 마음에 포지션을 구축하라고 요구한다. 많은 마케팅 임원은 포지셔닝 개념을 강조한다.

2009년 ≪애드버타이징 에이지≫의 독자들은 『포지셔닝』을 마케팅 분야에서 반드시 읽어야 할 책으로 선정했다.

같은 해에 출판사 하버드 비즈니스  스쿨(Harvard Business School Press)은 『100 대 우수 비즈니스 도서(The 100 Best Business Books of All Time)』를 출간했는데, 『포지셔닝』을 이 안에 포함시켰다.

많은 저자들이 계속해서 포지셔닝과 관련된 책을 집필한다. 지난 몇 년간 『브랜드 포지셔닝(Positioning the Brand)』, 『경쟁적인 포지셔닝(Competitive Positioning)』, 『전문가를 위한 포지셔닝(Positioning for Professionals)』이 발행됐다.

지난 40년간 마케팅 분야에서 많은 것이 변했지만, 포지셔닝은 여전히 중요하다.

이와 같은 변화로는 인터넷, 소셜 네트워킹, 모바일 마케팅, 빅

데이터, PR의 증가를 들 수 있다. 구글(Google), 페이스북(Facebook), 링크드인(LinkedIn), 트위터(Twitter) 등 소비자에게 영향을 주는 수십 개의 디지털 미디어가 있다.

이런 변화를 잘 읽는 것이 중요하다. 혁신적이기 때문에 전략적일 수 있다. 브랜드 또한 전략이 필요하다. 포지셔닝은 지속적으로 목표 공중의 주목을 끈다.

포지셔닝의 개념은 명확하지 않다. 언어로 표현되므로 의미가 달리 전달될 수 있다.

포지셔닝 전략을 실행할 때는 소비자 머릿속의 빈 공간을 찾아야 하며, 그 공간에 자사의 브랜드를 위치시켜야 한다.

예를 들면 렉서스(Lexus)의 경우는 "최고급 일본 차(Japanese luxury vehicle)"라는 말로 공간을 채웠다. 일단 렉서스가 소비자의 머릿속에 확고히 포지셔닝되면 경쟁자가 공격할 수 없게 된다.

독자들은 동의하지 않겠지만, 단어로 포지셔닝 전략을 성공하더라도 소비자의 머릿속에 자리 잡는 가장 좋은 방법은 비주얼이다.

1973년 심리학 교수 라이어널 스탠딩(Lionel Standing)은 5일간 1만 개의 이미지를 참가자에게 보여주고 설문을 받는 실험을 진행했다. 각 이미지를 5초간 보여주었다.

그리고 피실험자에게 한 쌍의 이미지(그들이 전에 봤던 이미지 하나와 전에 보지 못한 이미지 하나)를 보여줬을 때, 그들은 전에 봤던 이미지의 70%를 기억해냈다. 이는 놀랄 만하다. 이와 같이 슬로건 1만 개를 각각 5초간 보여준 후 5일 뒤에 기억한 것을 측정하면 어떤 결과가 나올까?

요즘과 같은 과잉 커뮤니케이션 시대에서 소비자는 포지셔닝을 전달하는 슬로건을 기억하지 못한다. 아무리 잘 만들었어도, 포지셔닝 콘셉트를 조사하고 슬로건을 잘 만들어도, 소비자가 기억하지 못하면 전혀 쓸모가 없다.

어떤 언어적인 메시지가 소비자의 마음을 사로잡는가?

어떤 연결 고리가 수년 또는 수십 년간 소비자의 기억에 의미를 남기는가?

바로 감성이다.

기억을 되살려보자. 어떤 사건이 가장 기억에 남는가?

맥박이 빨라지고 혈압이 높아진 일이 그렇다. 그 사건들은 감성적인 것이었다. 당신의 결혼식, 딸의 결혼식, 자동차 사고가 나던 날, 승진한  날, 집을 처음 장만한 날, 이날들은 머릿속에 '사진'처럼 남는다.

비주얼은 인쇄된 단어나 소리가 지니지 못하는 감성적 힘이 있다. 극장에서 영화를 보는 사람들을 관찰해보라. 그들은 꽤나 자주 큰 소리로 웃고, 울기도 한다.

영화를 기반으로 한 소설을 읽는 사람을 관찰해보라. 정서적인 개입으로 표출되는 몸짓은 거의 보지 못할 것이다.

이것이 영화의 비주얼과 책 속에 인쇄된 단어의 차이점이다. 영화는 감성적이지만, 책은 그렇지 않다.

감성은 머릿속의 기억을 붙잡는 연결 고리다. 그러나 비주얼은 감성적인 데 비해 단어는 왜 그렇지 못한가? 이유는 사람의 두뇌는 좌뇌와 우뇌로 되어 있기 때문이다.

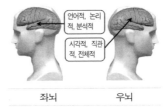

좌뇌는 정보를 순서대로 처리하며 언어를 다룬다. 순서에 따라 연속적이고 체계적으로 움직인다. 우뇌는 이와 다르다.

정보를 병렬로 처리하면서 기억된 이미지를 다룬다. 큰 그림을 보는 것이다.

사람은 좌뇌와 우뇌가 있다. 하나는 언어적인 두뇌이고 다른 쪽은 비주얼적 뇌다.

포지셔닝 프로그램의 목표는 소비자의 머릿속에 단어나 언어를 남기는 것인데, 가장 좋은 방법은 결코 단어가 아니다. 감성적으로 호소하는 비주얼을 활용하는 것이다.

그렇다고 어떤 비주얼이든 다 되는 것은 아니지만, 결국 광고와 다른 형태의 커뮤니케이션은 시각적인 이미지로 채워진다.

브랜드는 언어적인 포지셔닝 콘셉트를 강조하는 비주얼이 필요하다. 비주얼은 비주얼과 연관된 단어를 읽거나 들었을 때 우뇌의 주목을 끌어 좌뇌로 메시지를 보낸다.

'포지셔닝'은 언어적인 개념으로, 못(nail)이다. 소비자의 마음에 포지셔닝을 못 박는 도구는 바로 비주얼 해머다.

비주얼 해머는 이 책의 저자 로라 리스의 아이디어이며 나는 그녀의 비주얼 해머 개념이 이전의 포지셔닝 개념만큼 아주 유명해질 것으로 기대한다.

01

비주얼 해머

놀라운 힘

오늘날 비즈니스 세계에서 트위터, 정보 업데이트, 문자 메시지, 파워포인트 슬라이드의 주요 항목, 이메일, 손 편지 등 인쇄된 단어는 강력한 힘이 있다.

아이디어, 프로젝트, 리포트, 안건, 마케팅 프로그램은 모두 엄청난 단어로 표기된다.

마케팅 프로그램은 모두 단어로 표기된다. 회사의 임원들이 단어에 집착하는 것은 당연하다.

단어는 임원들이 가장 많이 사용하고 가장 친근해하는 것이다. 그러나 마케팅에서 비주얼이 단어보다 더 중요한 역할을 한다는 증거는 많다.

1982년 낸시 브링커(Nancy Brinker)는 유방암으로 2년 전 숨진 동생 수전 G. 코멘(Susan G. Komen)을 추모하기 위해 재단을 만들었다. 당시 브링커의 유일한 자산은 200달러와 잠재 기부자 명단밖에 없었다.

이후 20억 달러의 기금이 '수전 G. 코멘 포 더 큐어(Susan G. Komen for the Cure)' 재단에 모금되었고 현재는 유방암과 싸우는, 세상에서 가장 큰 비영리단체가 되었다.

최근 비영리 브랜드 조사 기관 해리스(Harris Poll)는 코멘 포 더 큐어를 '소비자들이 가장 기부하고 싶은 기관'으로 선정했다. 이것은 미국암협회  (American Cancer Society), 세인트 주드 연구 병원(St. Jude's Research Hospital), 굿월(Goodwill Industries), 구세군(Salvation Army)보다 높이 평가되었다. 비영리단체로서 그 분야에서 가장 길고 이상한 이름으로 성공한 비결은 무엇일까?

그것은 바로 유방암과의 싸움을 상징하는, 잘 알려진 분홍 리본 덕분이다.

미국암협회는 1913년 설립되었지만, 사람들은 협회가 사용하는 시각적 상징을 몰랐다.

이것이 트레이드마크와 비주얼 해머의 차이다. 브랜드는 대부분 트레이드마크가 있지만, 비주얼 해머가 있는 브랜드는 많지 않다.

랜스 암스트롱(Lance Armstrong)은 그가 운영하는 암 연구를 위한 기금을 모금하는 재단을 위해 수전 G. 코멘의 분홍 리본과 유사한 것을 마련했다.

노란색 실리콘 젤로 만든 암스트롱의 '건강한 삶(Livestrong)' 손목 밴드는 기금을 모금할 목적으로 2004년 5월에 도입되었다. 개당 1달러에 판매했는데, 지금까지 7000만 개 이상이 팔렸다.

물론 '건강한 삶' 캠페인은 암스트롱의 도핑 자백 사건으로 교착 상태에 빠져 있다.

유감이지만, 타이거 우즈(Tiger Woods), 빌 코즈비(Bill Cosby), 랜스 암스트롱 같은 유명인을 마케팅 캠페인에 활용하는 것은 위험이 따른다.

분홍 리본, 노란 손목 밴드 등 비영리 분야에도 비주얼이 활용되고 있다. 그러나 이런 성공은 비즈니스 분야에서 처음 개발되었다.

2014년 코카콜라는 2억 달러 이상의 광고비를 코카콜라 브랜드에 사용했다.

코카콜라의 슬로건은 무엇이었을까? '언제나(Always)'였나, '즐겨요(Enjoy)'였나, 아니면 '코크 이것뿐(Coke is it)'이었나? 사람들은 기억하지 못한다. 그렇다면 무엇을 기억하는가?

99%의 사람들이 기억하는 코카콜라 광고는 단어가 아니다.

코카콜라의 '컨투어병(contour bottle)'을 기억한다.

코카콜라병은 단순한 병이 아니
다. 코카콜라가 원조 콜라, 정통 콜
라, 진짜 콜라라는 생각을 확실하게
못 박는 비주얼 해머다. 코카콜라 광

고에서 비주얼은 단어보다 더 크게 말한다. 이것이 비주얼 해머의
역할이다.

지난 몇 년간 코카콜라의 광고를 보면, 코카콜라가 자사의 상징
인 콜라병을 더 크게 보여주었다.

인쇄 광고와 TV 광고, 캔, 포장, 옥외광고, 심지어 서류 서식과
명함에서도 크게 보여주었다.

코카콜라의 비주얼 해머는 왜 세계적인 브랜드 컨설팅 회사 인
터브랜드(Interbrand)가 코카콜라를 790억 달러의 가치가 있는 세계 3 대
브랜드로 선정했는지를 잘 보여준다.

오늘날과 같은 글로벌 경제에서
강력한 비주얼 해머는 특별히 가치
있는 자산이다. 코카콜라는 206개 나
라에서 판매되며 74%의 수익을 미국
외의 국가에서 거둔다.

많은 업종에서 글로벌 브랜드가 지역 브랜드를 앞서고 있다. 가
정용품과 소비재 부문에서 글로벌 브랜드는 브라질 시장의 70%, 중

국 시장의 75%, 러시아 시장의 90%를 차지한다.

언어적인 개념과 달리, 비주얼 해머는 번역 없이 국경을 넘을 수 있다.

놀랍게도 코카콜라의 6.5온스(약 192ml – 옮긴이) 컨투어병 제품은 실제로는 많이 팔리지 않았다. 그런데도 코카콜라의 컨투어병은 강력한 비주얼 해머다. 다른 한편 콜라 캔은 콜라의 한 제품에 불과하다.

컨투어병 모양을 캔과 플라스틱 컵에 인쇄한 아이디어는, 그렇기에 매우 뛰어난 것이다.

컨투어병을 폭넓게 사용하는 곳은 바로 고급 레스토랑인데, 이는 컨투어병이 코카콜라 소비자에게 끼치는 시각적 효과가 있다는 것을 입증한다.

코카콜라는 같은 비주얼 해머를 꾸준히 사용한 반면, 언어적인 못(verbal nail)은 계속 바뀌었다. 지난 110년간 코카콜라는 57개의 슬로건을 사용했다. 가령 1941년에 등장한 슬로건 "코카콜라는 코크입니다!(Coca-Cola is Coke)"와 같은 슬로건은 대부분 잊혔다.

그러나 다음에 제시된 네 개의 슬로건을 계속 사용했다면, 언어적인 못이 될 수 있었다.

"상쾌한 그 맛(The real thing)"은 특히 비주얼 해머와 잘 어울려 강한 언어적인 못이 되었다. 병 모양은 브랜드의 정통성을 상징하고,

"상쾌한 그 맛"이라는 슬로건은 그 정통성을 말로 표현했다. 나머지 세 개 슬로건은 보기에는 좋아도 브랜드의 비주얼 해머와 강하게 연결되지 못했다.

1922:
Thirst knows no season.
1929:
The pause that refreshes.
1963:
Things go better with Coke.
1969:
It's the real thing.

"상쾌한 그 맛"은 코카콜라가 40여 년 전에 2년에 걸쳐 단 한 번 사용한 슬로건이지만, 오늘날까지 신문, 잡지, 책, 텔레비전 프로그램에 여전히 남아 있다.

이것은 생각을 표현하는 언어의 잠재력을 보여준다. 슬로건은 수십 년 동안 살아 있기 때문에 세월이 흘러도 언어로 표현된 생각은 강력해질 수 있다는 것을 증명한다.

그런데도 미국 회사 대부분은 이와 반대로 한다. 몇 년 지나지 않아 슬로건을 바꾼다. 매년 광고상 수상을 노리는 새로운 캠페인이 시작된다.

광고상을 수상하지 못하면 우수한 광고 회사로 인정받지 못하기 때문에 지난해의 슬로건을 새롭게 바꿔 매년 새로운 캠페인을 펼친다. 그러나 이것은 창의적인 것이 아니다. 새롭거나 차별화된 방법도 아니다.

따라서 광고 회사는 다른 접근이 필요하다. 상을 받아 회사의 이름을 날리거나, 아니면 문을 닫아야 하기 때문에 수상을 위해 애쓰는 것을 비난할 수는 없다.

코카콜라의 뛰어나고 강력한 비주얼 해머는 주요 경쟁사를 어려운 상황에 놓이게 했다. 반면, 펩시콜라는 무엇을 해야 했을까?

펩시의 경영진은 다른 회사의 간부들처럼 비주얼 해머가 트레이드마크를 미화시킨 이름에 지나지 않는다고 생각했다. 따라서 비주얼 해머를

만들기보다는 트레이드마크를 돋보이게 하는 데 시간과 돈을 쏟아부었다.

2008년 펩시는 향후 3년간 이미지를 개선하는 데 12억 달러 이상을 투자하기로 했다. CEO 인드라 누이(Indra Nooyi)는 "주요 브랜드의 브랜드 포지셔닝 모두를 새롭게 할 것이다"라고 말했다.

아울러 "주요 브랜드의 포지셔닝 측면에서 제품의 외형, 패키징, 유통점 진열, 소비자 접점을 살펴보겠다"라고 했다.

개혁의 일부로 펩시콜라는 최근 몇 해 동안 2억 2500만 달러를 들여 새로운 트레이드마크와 광고 캠페인을 마련했다.

"Refresh everything."

이전   현재

얼마나 많은 소비자가 펩시의 새 슬로건을 알고 있을까?

많지 않을 것이다.

트레이드마크는 비주얼 해머가 아니다. 만약 코카콜라의 '컨투어'병이 '진정한 콜라의 원조(the original, authentic cola)'를 상징한다면, 펩시콜라의 새로운 트레이드마크는 어떤 의미일까?

펩시의 새로운 '웃는 얼굴(smiley-face)' 마크는 '펩시'를 표현한다. 본질적으로 이 그림은 브랜드명을 대체하는 시각적 상징이다.

트레이드마크는 대부분 시각적으로 상징화된 그림이다. 수년간 많은 광고비를 지불하면서 계속 사용된 후에야 브랜드명을 대신하는 시각적 상징이 된다.

그러나 트레이드마크는 일반적으로 그 이상의 커뮤니케이션을 수행하지 못한다.

그리고 많은 트레이드마크는 기본적인 커뮤니케이션도 하지 못한다. 다음의 두 트레이드마크를 기억하는가? 왼쪽은 리복의 예전 트레이드마크이고, 오른쪽은 새로운 트레이드마크다.

브랜드는 비주얼 해머가 있는가? 그냥 트레이드마크를 개선한 것이라면, 의미가 없다. 시각적인 변화에 불과하다.

모든 트레이드마크에 뜻이 담겨 있지는 않다. 나이키의 스우시(Swoosh)는 강력한 비주얼 해머다. 리복 로고와 나이키 스우시의 차이점은 무엇인가? 그것은 바로 스우시가 단지 '나이키'만을 의미하지 않는다는 점이다.

스우시는 '리더십'을 말하기도 한다.

타이거 우즈가 쓴 나이키 모자의
트레이드마크는 소비자의 마음에 나
이키가 리더라는 사실을 확고히 한
다. 스우시가 특별하기 때문이 아니
다. 나이키는 오랫동안 단순하고 독특한 시각적 장치를 고집해왔고,
이것이 강력한 비주얼 해머가 되었다.

무엇이 평범한 나이키의 심벌(유선형의 체크마크)을 비주얼 해머로 만
들었을까?

답은 바로 새로운 영역에서 처음이었다는 점이다.

나이키는 미국 최초의 운동화 브랜드였다. 그리고 오늘날 나이
키는 운동화 시장의 선도 브랜드가 되었다.

비주얼 해머는 브랜드명을 단순히 반복하는 것이 아니다. 소비
자의 마음속에 특정 단어를 남기는 것이다. 새로운 영역을 만들고
이끌면서 '리더십' 브랜드로 만든다.

스우시와 같은 단순함은 비주얼 해머를 만드는 핵심이다.

많은 디자이너가 트레이드마크를 만들면서 21세기 기업의 상징
이 아니라 15세기 기사의 방패에 새겨진 문장(紋章)을 만든다고 생각
한다.

단순함과 독특함이 조화를 이룰 때, 비주얼 해머는 빨리 인식될
수 있다.

메르세데스 벤츠(Mercedes-Benz)의
트레이드마크는 원래 복잡한 장식이
있었지만 효과는 미미했다.

트레이드마크를 한낱 장식으로만 생각해서는 안 된다.

특히 자동차 시장의 리더인 벤츠의 트레이드마크는 잠재적으로
비주얼 해머가 된다.

새로운 메르세데스 벤츠의 트레이드마크는 극도의 단순함이 강
조되었다. 오늘날 세 꼭지 별 심벌은 세상에서 가장 강력한 비주얼
해머 중 하나다. '품격' 있는 고급차로서 세 꼭지 별 심벌은 '품격'이
라는 단어를 자동차 구매 고객의 머릿속에 심었다.

새로운 영역을 창출하는 브랜드는 리더십과 진품성을 상징하는
비주얼 해머를 창조할 기회를 얻는다. 그러나 모든 브랜드가 그 기
회를 살리는 것은 아니다.

레드불(Red Bull)은 에너지 음료 시
장의 첫 번째 브랜드로, 전 세계에서
연간 67억 달러의 매출을 올렸다.

이런 성공에도 레드불은 소비자
의 마음속에 비주얼 해머를 남기지 못했다. 기회가 있었지만, 작은
8.3온스(약 245ml – 옮긴이)의 에너지 드링크 캔에 너무 복잡한 비주얼이
들어갔다.

'황소 두 마리와 태양'은 약한 해머였다. 벤츠의 세 꼭지 별, 나이

키의 스우시, 코카콜라의 컨투어병의 성공에 미치지 못했다(문구는 달랑 하나인데, 비주얼로 황소 두 마리를 활용하는 것은 이해하기 쉽지 않았다).

리더에게 강력한 비주얼 해머가 없다면, 2등 브랜드에게 절호의 기회가 온다. 몬스터(Monster)는 레드불의 경쟁자로 자리매김하면서 에너지 드링크 시장에 진입했다.

몬스터는 레드불의 8.3온스 캔보다 큰 16온스(약 473ml – 옮긴이) 용량의 캔을 출시했다. 큰 캔과 몬스터라는 브랜드명이 잘 어우러져 소비자가 쉽게 연상할 수 있었다.

몬스터는 또한 좋은 비주얼을 선택했다. 'M' 자 모양의 발톱 자국은 '강인함'과 '위험'이라는 절묘한 메시지를 효과적으로 전달했다.

마침내 소비자는 몬스터의 비주얼 해머를 기억하게 되었다.

오늘날 몬스터는 발톱 자국 디자인을 콘서트와 스포츠 경기에 비주얼 해머로 활용한 덕에 에너지 음료 시장의 37%를 차지해(레드불의 시장 점유율은 45%다) 강력한 2등 브랜드가 되었다.

이뿐 아니라 실제 힘이 비주얼에 있다는 많은 사례가 있는데도, 왜 많은 마케터들은 단어에만 매달릴까?

물론, 단어 역시 중요하다.

02

언어적인 못

궁극적인 목적

비주얼은 언어보다 감성적인 힘이 크기 때문에 마케터는 마케팅 프로그램에서 어떤 비주얼을 사용할지를 가장 먼저 결정해야 하는 것이 논리적으로 맞는 것처럼 보인다.

하지만 실제로는 그렇지 않다.

이것은 많은 마케팅 담당자가 혼동하는 모순이다. 비주얼 해머가 브랜드를 효과적으로 구축하지만, 이것이 마케팅 프로그램의 목표는 아니다. 마케팅 캠페인의 목표는 '소비자의 머릿속에 한 단어를 남기는 것(own a word in the mind)'이다.

BMW의 경우, 의미 없는 브랜드에서 세계에서 가장 많이 팔리는 고급차 브랜드라는 지위를 가져다준 '주행(driving)'이라는 단어를 남겼다.

그러면 무엇이 소비자의 머릿속에 '주행'이라는 개념을 남긴 것일까?

그것은 바로 BMW의 비주얼 해머였다. 오랫동안 지속된 TV 광고 캠페인은 굽이치는 길을 운전자가 즐겁게 주행하는 BMW를 보여준다.

슬로건 "최고의 자동차(The ultimate driving machine)"는 못이었다. 소비자의 마음속에 '주행'이라는 비주얼 해머가 "최고의 자동차"라는 못을 박은 것이다.

해머가 없었다면 슬로건은 도로에서 차에 받혀 죽은 동물의 처지가 됐을지도 모른다. 결국 비주얼 해머 없이 장기간 방영한 폰티악(Pontiac) 캠페인 "우리는 즐거움을 만든다(We build excitement)"를 포함해, '주행'은 수십 년 동안 많은 자동차 광고에 끊임없이 등장하는 주제가 되었다.

그러나 소비자의 머릿속에 한 단어를 남기는 것이 목표라면, 왜 비주얼 해머를 활용하지 않는가? 왜 브랜드를 마케팅하는 데 쓰는 모든 노력을 언어적인 접근에 집중하지 않는가?

언어적인 못과 비주얼 해머를 고려하라. 나무 토막 두 개를 함께 못 박는 것이 목표라면, 왜 해머를 활용하지 않는가? 왜 나무 토막 두 개를 함께 못 박는 데 모든 노력을 기울이지 않는가?

이것이 마케팅의 가장 근본적인 문제다. 잠재 고객의 머릿속에 한 단어를 반복적으로 주입해 포지셔닝 아이디어를 잠재 고객의 마음속에 못 박으려 할 때, 가장 요긴한 도구가 해머다.

반드시 그런 것은 아니지만, 광고에는 첫째도 반복, 둘째도 반복, 셋째도 반복이라는 3의 법칙이 있다.

그러므로 몇 년이 아닌 수십 년 동안 광고뿐 아니라 웹 사이트와 명함, 연감 등 모든 부분에 망치질이 필요하다.

"최고의 자동차" 캠페인은 1975년에 시작되었고, 1993년 BMW는 미국에서 가장 많이 팔린 최고급 유럽산 수입차가 되었다.

이후 18년 중 14년 동안 BMW는 벤츠를 제치고 1등의 자리를 지켰다.

그런데 BMW는 최근 들어 무엇을 했는가? 주행의 '즐거움(joy)'에 집중해 캠페인을 했다.

주행의 "즐거움"은 BMW 브랜드의 매력을 널리 알리는 독특한 언어적인 콘셉트다. 좋은 콘셉트라도 시각화하는 것은 쉽지 않다.

행복, 고객 만족, 품질 같은 추상적인 단어처럼 '즐거움'은 의미 있는 방식으로 시각화하기 어렵다. 결국 BMW는 '즐거움'이라는 콘셉트로 딴눈을 판 대가를 톡톡히 치렀다.

2010년에서 2014년까지 지난 5년간 BMW는 오랜 경쟁자 벤츠에게 1등의 자리를 내줬다.

많은 마케팅 슬로건은 단순한 이유 하나 때문에 효과를 거두지 못한다. 그들은 브랜드의 중요한 혜택을 강조할지도 모른다. 하지만 비주얼 해머로 강조할 수 없으면, 소용이 없다.

소비자가 자동차를 구매할 때, 무엇을 먼저 살펴볼까? 무엇보다 브랜드의 신뢰성, 높은 연비, 디자인, 인테리어, 운전의 편리성, 크기가 적당한지를 살펴볼 것이다.

자동차 회사가 저지르는 첫 번째 실수는 이 모든 것을 광고하는 것이다. 이렇게 하는 것은 논리적이며 소비자가 원하는 것이다.

하지만 이는 큰 실수다. 모든 것을 광고에 담으면, 소비자는 아무것도 기억할 수 없다.

두 번째 실수는 브랜드의 가장 중요한 특징을 고르는 것이다. 그러나 이것은 그런 특징이 비주얼 해머로 바뀔 수 있을 때나 가능하다.

볼보의 경우, 몇 년 전에 "안전(safety)"을 언어적인 못으로 삼아 충돌 시험을 한 극적인 광고 장면을 해머로 새겨 넣었다.

1970년부터 1992년까지 23년간 (1977년을 제외하고) 볼보는 미국 시장에서 가장 많이 팔린 유럽산 고급차 브랜드였다.

그 22년 동안 BMW, 벤츠, 아우디(Audi), 재규어(Jaguar)보다 많이 팔리다가 1993년부터 판매가 꺾이기 시작했다.

지난 20년간 볼보는 안전에 초점 을 맞추지 않았고, 충돌 시험도 버렸 다. 슬로건조차 "삶을 위한 볼보(Volvo. For Life)"로 힘을 잃었다.

판매를 늘리기 위해 볼보는 성능을 강조했다. 스포츠카, 심지어 볼보 컨버터블을 내놓았다.

볼보의 글로벌 광고 담당자는 "안전만으로는 충분하지 않다"고 말했다.

이것은 좌뇌식 사고다.

논리적으로 보더라도 소비자는 안전만을 이유로 자동차를 구매 하지 않는다. 소비자는 자동차를 구입하기 전에 다양한 점을 살펴 본다.

그러나 자동차 브랜드가 소비자의 머릿속에 들어가지 못하고 소 비자가 자동차 판매상의 전시장에 가지 않는다면, 논리적인 사고는 쓸모없다.

마케팅에서는 다른 무엇보다 소비자의 마음에 드는 것이 가장 중요하다. 그리고 강력한 비주얼 해머 없이 이 일을 해내기는 매우 어렵다.

볼보는 계속해서 하향 곡선을 그렸다. 1986년에 11만 3267대로 최고점을 찍은 이후 2014년에는 5만 6366대로 판매가 줄었다. 반면, BMW와 벤츠는 볼보보다 여섯 배 이상, 아우디는 세 배 이상 많은 자동차를 판매했다.

볼보의 가장 큰 실수는 성공적인 비주얼 해머를 포기한 것이고, 이후 볼보 브랜드의 고통이 시작되었다.

비주얼 해머와 언어적인 못 둘 다 장기간 유지할 수 있으면 좋겠지만, 일관된 비주얼 해머가 언어적인 못보다 더 중요하다.

말보로 캠페인의 경우 광고에 등장하는 카우보이는 어쩌면 코카콜라의 컨투어병보다 더 효과적인 비주얼 해머였다. 1953년 등장한 카우보이

는 말보로를 세상에서 가장 많이 팔리는 담배로 만들었다(미국 시장에서 점유율이 43%로, 다른 13개 담배 브랜드의 판매량을 모두 합친 것보다 많다).

60여 년 전부터 말보로는 인쇄 광고와 TV 광고, 상점 내 프로모션에서 카우보이의 이미지를 계속 사용하고 있으며, 여성을 절대 등장시키지 않는다(실제로는 재출시 이후부터 카우보이 이미지를 사용했다. 그 전에 말보로는 여성용 담배로 판매되었다).

많은 브랜드가 성공적인 말보로 카우보이를 흉내 냈다. 잡지를 꺼낼 때, 신문을 볼 때, TV를 켤 때 카우보이 캠페인의 성공을 모방한 수백 가지의 비주얼을 볼 수 있다.

원숭이, 당나귀, 강아지, 개구리, 코끼리, 어린이, 아기, 매력적인 여성, 중년 여성, 멋진 중년 여성, 매력적인 남성, 중년 남성, 멋

진 중년 남성, 유명인과 여러 다른 비주얼이 등장한다.

이런 비주얼들은 대부분 해머가 되지 못한다. 그 이유는 무엇일까?

아트 디렉터는 먼저 언어로 표현해야 할 것을 고민하지 않고, 즐겁고 심각하며 귀엽고 섹시하거나 유명한 비주얼을 선택하기 때문이다.

브랜드를 구축할 때 고민해야 할 것은 비주얼 해머와 언어적인 못인데, 그중에서도 언어적인 못이 우선이다.

말보로 캠페인을 막 시작했을 때 경쟁사 대다수는 '남녀 공용(unisex)' 담배 브랜드를 만들어 모든 사람에게 인기를 끌려고 하는 전형적인 실수를 했다.

말보로는 첫 번째 남성용 담배 브랜드였다. 이것이 언어적인 못이다. 그럼 무엇이 카우보이보다 더 남성적일 수 있는가?(로데오 경기의 열렬한 팬의 눈으로 볼 때, 그리 많지 않다)

대부분의 브랜드 비주얼은 결코 해머가 되지 못한다. 많은 브랜드 비주얼이 재미있을지도 모른다. 하지만 그것들이 제 기능을 수행하지 못한다면, 브랜드를 위해 아무것도 하지 못한다.

좋은 예가 1995년 버드와이저(Budweiser)의 슈퍼볼 광고로 TV 광고 사상 최고의 작품 중 하나로 꼽힌다.

광고에서는 늦은 밤 늪지에서 개구리 세 마리가 리듬에 맞춰 "버드", "와이", "저"라고 운다.

멋진 아이디어인가? 나는 그렇게 생각하지 않는다. 개구리 세 마리가 "버드와이저"라고 우는 광고에서 언어적인 못은 어디에 있는가?

버드와이저는 개구리, 강아지, 도마뱀과 이외의 많은 동물을 광고에 등장시켰다. 그러는 동안 브랜드는 유일하게 사용할 수 있는 궁극의 비주얼 해머를 찾아냈다.

버드와이저의 비주얼 해머는 맥주를 실은, 전통적 방식의 마차를 끄는 클라이즈데일(Clydesdale)종의 말들이었다. 이 말들은 "맥주의 왕(the King of Beers)"

이라는 버드와이저 브랜드의 진품성을 소비자의 마음속에 각인시켰다. 또한 이 말들은 주류(酒類)에서 가치 있다고 여겨지는 '전통(old)'을 잘 보여준다.

기술에서는 새로운 것이 좋은 것이지만, 술은 오래된 것이 좋은 것이다. 1693년 설립된 돔 페리뇽(Dom Perignon)과 같은 브랜드의 성공을 보라.

이미 갖고 있는 클라이즈데일종의 말들이라는 비주얼과 함께 제시된 언어적인 못 "맥주의 왕"을 고수하는 대신에 버드와이저는 새로운 아이디어를 계속 찾았다.

가장 최근에 찾은 언어적인 아이디어는 "자, 갑시다(Here we go)"이다. 그 전에는 "마시기 좋음(drinkability)"
이었다. 이 두 언어적인 아이디어는
시각화하기 어렵다.

몇 년 전, 버드와이저는 "와섭
(Wassup)" 캠페인으로 많은 상을 수상했다. 멍청한 두 남자가 전화로
대화를 하는 이 캠페인이 뛰어난 비주얼을 만들었기 때문이다.

그러나 언어적인 아이디어이기 때문에 동기를 부여하기에 부족
했다. '와섭'이 버드와이저를 마시는 것과 무슨 관련이 있는가?

논리적인 경영진은 쉐보레(Chevrolet)
의 최근 슬로건 "새로운 길을 찾으세요
(Find new roads)"처럼 모든 것을 아우를 수
있는 아이디어를 좋아한다.

비록 쉐보레가 이 슬로건을 소비자의 머릿속에 성공적으로 전달
했다 하더라도, 도대체 어떤 것이 쉐보레 자동차를 사도록 동기부여
를 하는가?

또한 아이디어가 지나치게 추상적이거나 콘셉트가 광대하고 평
범하면, 잠재 고객의 머릿속에 남길 비주얼 해머를 찾기란 거의 불
가능하다.

효과적인 비주얼 해머는 '주행'이나 '안전'처럼 정교한 못이 필요
하다(실제로 해머도 정교한 못을 필요로 한다).

어느 누가 민주주의, 충성, 믿음과 같은, 고차원의 추상적인 개

넘을 상징화할 비주얼 해머를 쉽게 찾을 수 있을까?

소비자는 '새로운 길을 찾으세요'와 같은 언어적인 아이디어를 문자 그대로 이해하려고 한다. 이것은 도로를 벗어나 비포장도로를 달리는 운전자들이 소유한 레인지 로버(Range Rover)의 광고 슬로건처럼 들린다.

추상적인 아이디어가 비주얼 해머로 전환되려면 현실의 문제를 잘 알아야 한다.

03

형태

단순함이 낫다

당신이 '국제부상자구호위원회(International Committee for Relief to the Wounded)'라는 조직의 마케팅을 담당한다고 가정해보라.

어떤 비주얼 해머를 사용할 것인가?

'국제, 부상자, 구호, 위원회'와 같이 조직의 이름에 포함된 단어 중 어떤 것도 독특한 방식으로 시각화하기 어려울 것이다. 다행히도 설립 5년 만에 이 조직의 이름은 현재까지 공식적으로 사용되는 '국제적십자위원회(International Committee for the Red Cross)'로 변경되었다.

적십자는 186개 나라에서 9700만 명의 자원봉사자, 후원자, 직원이 함께하는, 세계에서 가장 큰 비영리 조직이 되었다(미국 적십자사는 국제적십자위원회와 긴밀하게 협력하는 독립된 기관이다).

비주얼 해머를 찾을 때, 못에서 시
작해야 한다. 그러나 역설적으로 다
른 것을 희생하기도 한다.

American Red Cross

'적십자(Red Cross)'보다 '부상자 구호
(Relief to the Wounded)'가 더 의미 있다. 하지만 구호와 부상자라는 단어
는 적십자보다 쉽게 시각화할 수 없다.

마케팅 프로그램의 궁극적인 목표는 자사의 아이디어를 잠재 고
객의 머릿속에 넣는 것이다. 하지만 때로는 이미 존재하는 생각에
무임승차하는 것이 더 쉽다.

적십자는 '레드(red)'라는 단어와 색을 비영리 자선 조직의 대명사
로 만들었다. 이와 마찬가지로 U2의 리드 싱어 보노(Bono)와 미국의
유명한 정치가 사전트 슈라이버(Sargent Shriver)의 아들 보비 슈라이버
(Bobby Shriver)는 아프리카의 에이즈 퇴치를 위한 기금을 모으기 위해
프로덕트 레드(Product Red)를 설립했다.

프로덕트 레드라는 브랜드는 애
플(Apple), 컨버스(Converse), 델(Dell), 갭
(Gap), 홀마크(Hallmark), 나이키(Nike), 스
타벅스(Starbucks)와 같은 기업과 공식

파트너 제휴를 맺고 있다. 각 기업은 프로덕트 레드 로고를 단 제품
을 생산하며 수익금의 일부를 에이즈와 결핵 및 말라리아 퇴치를 위
한 세계 기금(the Global Fund to Fight AIDS, Tuberculosis and Malaria)에 기부한다.

프로덕트 레드는 개인 기부자에게 가장 많은 기금을 받은 국제 기구로, 아프리카의 에이즈 퇴치를 위한 기금 프로그램을 전개해 2억 달러 이상을 모금했다.

적십자와 프로덕트 레드는 잘 알려져 있지만, 에이즈와 결핵 및 말라리아 퇴치를 위한 세계 기금은 그렇지 않다는 것이 흥미롭다.

에이즈와 결핵 및 말라리아 퇴치를 위한 세계 기금에 필요한 비주얼 해머는 무엇일까? 먼저 재단의 이름을 바꾸는 것이 우선이다. 다시 말해서 비주얼 해머를 찾기 전에 때때로 언어적인 못을 날카롭게 해야 한다.

형태에 관한 한, 사람들 대부분이 알아보는 특별한 모양이 있다.

게다가 너무 많은 브랜드가 비주얼 해머로서 사실상 쓸모없던 가장 흔한 모양(태양, 별, 사각형, 원, 화살, 삼각형, 체크 표시)을 사용했다.

독특한 색깔이 도움을 줄 수 있지만, 다양한 색과 형태의 조합조차 이미 선점되었다.

이러한 예로 러시아와 중국의 붉은 별(Red Star)을 들 수 있다.

잠재력 있는 비주얼 해머를 찾을 때 단순성은 꼭 지켜야 할 원칙이다. 세계 3 대 종교의 심벌이 매우 단순한 것은 우연이 아니다.

별과 초승달, 십자가, 다윗의 별.

단순한 형태는 현존하는 많은 브랜드들이 이미 사용했다. 세제와 상점에 같이 쓰이는 타깃 모양이 이에

해당하는 사례다.

타이드(Tide)의 타깃 모양 비주얼 해머는 새로운 영역의 첫 번째 브랜드였기 때문에 매우 뛰어난 효과가 있었다.

또한 이 타깃 모양은 '타이드'라는 이름이 타깃 마크의 한가운데 박힌 것처럼 보이게 했다.

상점의 이름인 타깃(Target)에서 사용하는 마크인 '타깃'의 모양은 매우 단순한 디자인으로 트레이드마크를 강력하게 전달한다.

미적으로 편안하지 않지만 소매 분야에서 타깃 주식회사의 '타깃' 심벌은 의심할 여지없이 가장 잘 구별되고 기억에 남는 트레이드마크다.

타깃 주식회사의 '타깃' 심벌과 여섯 개의 꽃잎 디자인으로 된 월마트 (Walmart)의 새 심벌을 비교해보자.

일부 기자들이 추측성으로 보도한 기사에서는 전임 사장 H. 리 스콧(H. Lee Scott)이 월마트를 친환경 기업으로 변모시키려고 한 의도가 담겨 있다고 했다.

그렇다면 안타깝게도 그 심벌은 친환경 기업의 이미지를 알리지도, 그렇다고 효과적인 비주얼 해머를 제공하는 해바라기가 되지도 못했다.

월마트는 세계에서 가장 큰 소매 업체로 양판점 분야의 1등 브랜드다. 월마트는 더 쉽게 구분이 되는 비주얼 해머를 개발했어야 했다.

월마트의 첫 번째 시도이자 월마트 이름 사이에서 하이픈 역할을 한 별 모양 심벌은 전성기였던 당시와는 어울리지 않게 밋밋했다. 해바라기 심벌은 별 모양 심벌 다음으로 특징이 없었다.

트레이드마크에는 원, 사각형, 별, 화살, 여타의 전통적인 형태가 많이 사용된다. 이 형태들은 비주얼 해머를 만들 때, 거의 쓸모가 없다.

더 나은 방법은 독특한 새 형태를 만들려고 시도하는 것이다. 1958년에 만들어진 '평화(peace)'의 상징은 전 세계적으로 잘 알려져 있다.

평화의 상징은 독특하지만, 벤츠의 세 꼭지 별 마크와 유사하다.

최근에 언더 아머(Under Armour)는 비교적 잘 알려진, 독특하고 새로운 비주얼 해머를 개발했다.

단순하지만, 실제로는 필요 이상으로 복잡하다. 디자이너는 언더 아머의 머리글자 'UA'를 상징하려는 의도였겠지만, 그 마크는 조금 떨어져서 보면 'H'처럼 보인다.

트레이드마크를 평가할 때, 마케터가 흔히 하는 실수 중 하나가 '우리가 좋아하는 디자인인가?', '우리의 트레이드마크 디자인을 잘 보이게 할 방법이 없을까?'와 같은 질문을 하는 것이다.

트레이드마크가 어떻게 보이는지는 중요하지 않다. '트레이드마크가 고객과 잠재 고객에게 어떤 메시지를 전달하는가?'를 물어보는 것이 더 적절하다.

비주얼 해머의 목표는 한 단어를 소비자의 머릿속에 새기는 것이다. 언더 아머의 경우에는 "스포츠 유니폼 속에 입는 수분 흡수 의류의 선두주자(Leadership in moisture-wicking garments designed to be worn under sports uniforms)"가 그 문구다.

언더 아머의 비주얼은 수분 흡수라는 아이디어를 전달할 수 없기 때문에 비주얼을 상징적으로 수정할 필요가 있다. 다행히도 언더 아머의 트레이드마크 'UA'는 소비자에게 분명하게 와닿지 않았다.

만일 그 트레이드마크가 소비자에게 잘 인식됐다면, 언더 아머는 '수분 흡수(moisture-wicking)'를 나타내는 비주얼 해머로서의 가치 중 일부를 잃었을지도 모른다.

많은 기업이 트레이드마크로서 머리글자를 사용한다. 앨리 뱅크(Ally Bank)의 'A', 휴렛팩커드(Hewlett-Packard)의 'HP', 제너럴 일렉트릭(General Electric)의 'GE'.

사실상 'HP' 같은 머리글자는 그저 브랜드명을 직접 짧게 줄인 심벌에 지나지 않는다.

그런 심벌은 어떤 독특한 언어적
인 아이디어를 새겨 넣지 못한다.

쉽게 간과하는 기회 중 하나가 비
주얼 해머를 언어화하는 것이다. 코카콜라의 '컨투어병', 나이키의
'스우시', 벤츠의 '세 꼭지 별'처럼 비주얼 해머에 이름을 붙이는 것
은 비주얼 해머의 독특함을 강조하기 때문에 좋은 방법이다.

맥도날드는 머리글자 'M'을 트레
이드마크로 사용한다. 하지만 그 심
벌에 '황금 아치(Golden Arch)'라는 이름
을 붙이면서 'M'은 머리글자를 상징

한 문장(紋章)이라는 인식에서 벗어나 효과적인 비주얼 해머로 탈바
꿈했다.

황금 아치는 맥도날드가 패스트푸드 업계의 대표임을 시각적으
로 보여준다.

예술가들이 말하는 것과 달리 비주얼만으로는 인간 마음에 원래
의 뜻을 모두 전달하지 못한다.

머릿속을 채우기 위해서는 비주얼
을 언어화할 필요가 있다. 예를 들면
일반인은 옆의 그림을 '입체파(Cubism)'
피카소(Picasso)의 작품이라고 알지만,

미술비평가는 〈아비뇽의 여인들(Women of d'Avignon)〉이라고 작품명을 말할 것이다.

예술 작품은 이렇듯 언어화되기 전까지는 의미가 없다.

미술관에서 작품을 감상하는 관람객이 그림을 잘 모르면 작품을 그린 예술가의 이름을 알기 위해 그림 밑에 달린 설명을 볼 것이다(이름이 없으면 작품의 가치를 알 수 없다).

뛰어난 비주얼 해머는 이런 현상을 이점으로 활용한다. 비주얼 해머의 효과를 판단하려면, '잠재적인 비주얼 해머가 하는 말이 무엇인가?'를 계속 질문해야 한다.

남성 생식기관과 관련 있는 남성의 성기 모양 심벌과 여성 생식기관과 연관 있는 여성의 성기 모양 심벌은 정서적 반응을 일으키기 때문에 두 개의 비주얼은 강력한 형태가 된다.

이 두 개의 모양을 활용하는 비주얼은 매우 효과적인 해머를 만들 수 있다. 이에 해당하는 두 가지 예로는 모양이 남성 성기를 닮은 컨투어병과 여성 성기 모양과 닮은 세 꼭지의 별이 있다.

가장 약한 형태는 사각형이다.

전 세계에서 세무 업무 서비스를 대표하는 기업 H&R 블록(H&R Block)은 왜 녹색 사각형을 그들의 비주얼로 활용하는가?

아마도 경영진들은 자사 이름에 블록이 들어가고, 블록은 사각형이라고 생각했을 것이다.

그래서 그들은 사람들이 회사명을 기억하도록 사각형을 사용하고 돈을 의미하는 녹색으로 사각형을 만들었을 것이다. 그러나 소비자들은 그런 식으로 비주얼을 바라보지 않는다. '블록(block)'을 보지 못하고, 따분한 녹색의 네모를 볼 뿐이다.

많은 사람들이 '형태(shapes)'를 마치 사투리처럼 사용한다. '사각형(square)'은 정확하게 드러난 의미가 없다.

반면 '원(circle)'이라는 단어는 대개 긍정적으로 사용된다. 소셜미디어 사이트인 구글 플러스(Google+)는 이용자들을 친구들의 서클로 불러들인다.

단정하고 말쑥하며 조직적인 사람들(전형적으로 좌뇌형인 사람들)은 일상에서 질서를 깨뜨리지 않으려고 사각형을 상징으로 사용한다. 그러나 심벌이 주목받으려면 반드시 지루함은 피해야 한다.

의류 브랜드 갭(Gap)의 경우 파란색 사각형에 'GAP'이라는 흰색 활자를 심벌마크로 한다.

특별히 눈길을 끌지 못했기 때문에 새로운 로고마크로 바꾸게 되었다.

그러나 새로운 수정안도 형편없었다. 지루해 보이는 파란색 사각형에서 벗어나는 대신에, 디자이너는 오히려 사각형을 비대칭적으로 강조했다.

갭 로고마크를 다시 디자인한 의도는 무엇이며, 사각형은 청바지를 상징한 것인가?

2010년 10월 갭의 새로운 비대칭 로고가 발표되자 고객들의 부정적인 의견이 빗발쳤다.

인터넷에서는 비난이 쇄도했고, 결국 원래의 갭 로고로 되돌아 갔다.

갭은 어떤 선택을 해야 했는가? 소비자는 '비주얼을 언어로 이해 (verbalize the visual)'하기 때문에 '언어를 비주얼로 만드는(visualize the verbal)' 것이 문제를 해결하는 한 방법이다.

갭이 오랫동안 사용한 슬로건은 "갭에 빠지다(Fall into the Gap)"였다. 갭은 막연한 사각형 대신에 왜 '갭에 빠지다'라는 아이디어를 시각화 하지 않았을까?

깔때기나 이와 유사한 상징적인 비주얼을 사용했다면 '빠지다(fall into)'를 소비자의 머릿속에 남길 수도 있었다.

J. C. 페니(J. C. Penny)는 큰 사각형 안에 작은 사각형을 넣고 그 위에 활 자로 된 로고를 배치해 갭의 실수를 따라 했다.

엄청나게 많은 페니의 고객이 새로운 로고마크에 불만이 없다는 것이 놀랍다.

또한 지루한 사각형에 이름을 나눠 'JCP'와 'enney'로 따로 읽힌다.

물론 'KFC'로 불려 브랜드명을 'KFC'로 바꾼 켄터키 프라이드치킨과 같은 이유라면 이해된다. 그러나 J. C. 페니는 'JCP'라고 불리지도 않았다. 그

런데 머리글자를 사용하는 이유는 무엇일까?

새로운 J. C. 페니의 로고마크가 이전의 것보다 더 매력적이지만, 로고마크를 디자인할 때 매력이 가장 중요한 기준은 아니다.

이것은 게토레이(Gatorade) 로고마크의 문제이기도 하다. 번개는 눈길을 끌지만, 번개 이상의 의미가 없다.

번개보다는 칼처럼 보이고, 이는 상황을 더 악화시켰다.

이 로고마크는 게토레이의 새로운 로고마크인 대문자 'G'로 대체되

이전   현재

어 사라졌다. 이것은 실수다. 어느 상점을 가더라도 "G 주세요(Give me G)"라고 한다고 게토레이를 주지는 않을 것이다.

기업은 브랜드에 닉네임을 넣어 사용하기도 한다.

코카콜라의 경우 '코크'라는 단어를 음료 캔 위에 넣었다. 그러나 아무도 코카콜라를 'CC'라고 부르지 않기 때문에 코카콜라는 'CC'라고 표시하지는 않는다.

'G' 로고가 게토레이 브랜드에 얼마나 큰 타격을 주었을까? 단기

간에는 문제없겠지만, 장기적으로는 심각한 문제다.

마케팅은 본질적으로 장기간의 훈련이다. 마케팅은 채소밭보다는 나무 농장에 더 가깝다. 장기적으로 게토레이 브랜드는 심각한 문제를 만나게 될 것이다.

전 세계에서 49만 명의 아기가 매일 태어난다. 50만 명에 이르는 게토레이의 잠재 소비자가 게토레이의 이름을 'G'로 알게 될 것이다.

게토레이 회사는 왜 로고마크에 게토레이의 이름을 넣는 쉬운 방법을 택하지 않았을까?

게다가 매일 약 27만 5000명이 사망한다. 이 중 많은 사람들이 게토레이의 충성스러운 고객이며, 그들의 죽음으로 'G'의 의미도 함께 사라질 것이다.

04

색깔

반대가 되라

색깔은 효과적인 비주얼 해머가 될 수 있지만 문제가 있다. 스펙트럼상에서 거의 구분되지 않는 색들이 있다. 5원색인 파랑, 초록, 노랑, 주황, 빨강 이외에는 부차적인 색이다.

먼저 특정 색을 선점한다면 브랜드의 평판을 높일 수 있다. 예를 들어 티파니(Tiffany)는 파란색을 선점했다.

1878년 소개된 티파니의 '파란색(blue)'은 세계적으로 고급 보석 상점의 아이콘이 되었다.

비주얼 해머로서 '파란색'은 티파니 브랜드의 우아함과 진품이라는 것을 알려준다.

이 색은 색채 관련 회사 팬톤(Phanton)에 주문 제작해 만든 색으로,

트레이드마크로 정식 등록되어 법적
인 보호를 받고 있다. 티파니 상점에
서 소비자가 구매할 수 없는 것이 딱
한 가지 있다. 소비자는 그것을 증정
받을 수만 있다. 그것은 바로 파란 상자(The Blue Box)다.

티파니 상점 건물에서 브랜드명이 새겨진 이 파란 상자를 꺼내
는 것은 금지되는데, 이 규칙은 절대적이다.

티파니 상자는 매우 효과적인 비주얼 해머다. 책상 위에 티파니
의 파란 상자와 그 옆에 다른 보석 상점의 흰색 상자를 놓고 여성의
반응을 지켜보라. 분명 파란 상자에는 감성적 반응을 일으키지만,
다른 상자에는 반응이 없을 것이다.

마찬가지로 코닥(Kodak)은 '노란색
(yellow)'을 활용했다. 노란 상자는 사진
필름 분야에서 코닥의 리더십을 의미
한다. 그러나 후지필름(Fujifilm)의 녹색

상자는 그렇지 못했다. 아주 저렴하지 않거나 코닥 필름이 가게에
있다면 굳이 '녹색 상자'를 사지 않고 '노란 상자'를 살 것이다.

하지만 명심하라. 못이 없으면 해머는 쓸모가 없다. 노란 상자는
코닥이 사진 필름 분야의 대표라는 것을 말하는 해머다. 하지만 사
진이 디지털로 바뀐 오늘날 사진 필름은 거의 사장되었다.

그 결과 코닥은 디지털 제품군에 코닥의 이름과 노란색 해머를

사용하는 실수를 했다. 결과는 형편
없었다. 1990년대까지 20년간 필름
시장에서 건재했던 코닥은 1252억 달
러 매출에 세후 69억 달러의 순이익

을 냈으며, 4.5%의 순이익률을 달성했다. 그러나 다음 10년 동안
(2001년부터 2010년까지) 코닥은 1150억 달러의 매출을 기록했고, 9억
1700만 달러의 손해를 보았다.

코닥이 2012년에 파산한 것은 놀라운 일이 아니다.

코닥의 결과를 서터플라이(Shutterfly)
와 비교해보라. 서터플라이는 작은
회사로서 웹 사진 인화 사업에 집중하
고, 주황색 로고 컬러를 사용했다.

10년간 서터플라이는 31억 달러 매출에 1억 2200만 달러의 순
이익을 남겼다.

코닥은 코닥 갤러리라는 이름의 웹 사이트를 활용해 서터플라이
와 경쟁하려고 했다. 이는 제품군 확장의 또 다른 실패 사례다.

코닥은 왜 자사의 갤러리 웹 사이트에 새 이름을 붙이지 않았을
까?(대기업에게 '충성도'는 최고의 미덕이다. 마케팅 원칙과 충성 고객의 이해가 충돌할 때, 마케
팅 매니저는 충성 고객에게 더 신경을 써야 하지만 그렇지 않다)

코닥은 무엇을 했어야 했나? 새 이름으로 디지털 제품군을 출시
했어야 했다.

기존 카메라 필름 제품과 새로운 디지털 제품을 차별화하기 위해 다른 색으로 출시했다면 도움이 되었을 것이다.

마치 랄프 로렌(Ralph Lauren)이 '랄프 로렌 퍼플 라벨(Ralph Lauren Purple Label)'로 고가의 남성복 제품군을 출시했을 때처럼 말이다.

적십자는 세상에서 가장 유명한 자선 기관 중 하나다. 1929년 베일러 대학교(Baylor University)의 간부들은 '청십자(Blue Cross)'라는 이름의 병원을 설립할 계획을 세웠다. 10년 후 '청방패(Blue Shield)'라는 또 다른 조직을 만들었다.

청십자는 병원 서비스를 확대할 계획을 세운 반면, 청방패는 의료 서비스를 제공할 계획을 세워 각각 발전해갔다. 이후 두 조직은 하나로 합쳐졌다.

오늘날 합병한 청십자와 청방패 협회는 미국에서 39개 건강보험 조직과 회사를 거느리고 있다.

이 협회는 직간접적으로 1억 명의 미국인에게 건강보험을 제공하고 있다.

'파랑'은 청십자와 청방패 브랜드를 차별화하는 색깔이다. 혼란스러운 것은 두 이름과 심벌이 같이 사용된다는 사실이다(연합한 두 회사 중 어느 하나가 협회를 위해 효과적인 언어와 비주얼 전략을 만들어야 했다).

많은 합병에서 마케팅 효율성은 기업의 자존심보다 후순위로 밀린다. 결국 경영진은 두 회사를 배려하게 된다.

때로는 단순한 제품을 택해 그것을 평범하지 않은 색으로 칠해 효과적인 비주얼 해머를 만들 수 있다.

1968년 메리 케이 애시(Mary Kay Ash)는 자사의 화장품 제품군을 판촉하기 위해 캐딜락을 구입해 분홍색으로 칠했다.

이 자동차는 메리 케이 애시 브랜드의 멋진 광고물이 되었고, 이 듬해에 가장 높은 판매 실적을 기록한 다섯 명에게 분홍 캐딜락을 부상으로 주었다.

현재 메리 케이는 연간 25억 달러의 매출을 기록하는 세계적인 회사가 되었다. 메리 케이 제품은 미국을 비롯해 35개 나라에서 200만 명 이상의 독립 컨설턴트에 의해 판매되고 있다. 컨설턴트들은 매년 보석에서부터 분홍 캐딜락에 이르기까지 다양한 부상(副賞)을 놓고 경쟁한다.

제너럴 모터스(General Motors)는 대략 10만 대의 분홍 캐딜락을 메리 케이에 납품했다.

카리브해의 많은 섬들을 쉽게 구분할 수 있을까? 카리브해의 모든 섬에는 모래, 바다, 파도, 야자수, 고가의 호텔이 있다. 버뮤다만이 유일한

방법을 알아냈다. 그것은 바로 분홍 모래사장이다(심지어 버뮤다는 카리브

해의 섬이 아니다!).

분홍색 모래사장이 황갈색이나 베이지색 또는 흰색 모래보다 나은가? 아니다. 더 나은 점보다 차별화가 중요하다. 비주얼 해머를 찾을 때 차별화 가능성이 우선이다.

그러나 버뮤다는 독특한 분홍 모래사장을 기억에 남을 만한 언어적인 못으로 연결 짓지 못했다.

판에 박힌 말을 사용하는 대신에, 다른 섬이나 브랜드가 하지 못한 것을 시도해야 한다.

프로 골프 선수권 4 대 메이저 대회는 US 오픈(The U. S. Open), 브리티시 오픈(The British Open), PGA 챔피언십(The PGA Championship), 마스터스 대회(The Masters)다.

앞의 3개 대회는 골프 협회에서 개최하지만, 마스터스 대회는 회원제로 운영되는 오거스타 내셔널 골프 클럽(Augusta National Golf Club)에서 주최한다.

어떤 골프 토너먼트가 가장 인기를 끌까? 가장 인기를 끄는 대회는 물론 조지아주 오거스타에서 진행하는 마스터스 대회다.

인기 비결 중 하나는 1937년부터 마스터스 대회의 상징이 된 녹색 재킷이다.

1937년 당시 오거스타 골프 클럽의 회원은 대회가 열리는 동안 대회를 참관하는 갤러리들이 궁금한

것이 있으면 쉽게 찾아 물어볼 수 있도록 재킷을 입었다.

시각적 상징은 기억에 남을 뿐 아니라 그 상징을 활용한 이벤트나 사람의 중요성을 높여주는 경향이 있다.

가톨릭의 수장이 추기경으로 추대될 때 신문 기사에 실리는 사진은 빨간 모자를 쓴 새로운 추기경의 모습이다(이른바 믿음을 지키기 위해 피를 흘릴 준비가 되었다는 다짐을 나타내는 상징으로, 가톨릭 추기경은 빨간 모자를 쓴다. 이는 굉장한 언어적인 못이다).

부동산 회사 센추리 21(Century 21)은 수년간 자사의 부동산 중개인들에게 금색 재킷을 입혔다. 얼마나 많은 센추리 21의 부동산 중개인들이 '유니폼'을 입는 데 반대했는지를 안다면 놀랄 것이다.

그러나 금색 재킷은 센추리 21이 이제껏 개발한 것 중에 최고의 마케팅 아이디어였다.

센추리 21은 "황금 표준(The Gold Standard)"이라는 언어적인 못을 사용한다.

그러나 강력한 언어적인 못이 되지 못했다. 만약 "부동산의 황금 표준"이라는 언어적인 못을 강조하면서 지속적으로 캠페인을 했다면 더욱 강력한 효과를 냈을 것이다.

럭셔리 인스티튜트(The Luxury Institute)가 뽑은 '최고급 여성 구두(most prestigious women's shoes)' 명단에서 꾸준히 높은 평가를 받는 프랑스 디자이너 크리스티앙 루브탱(Christian Louboutin)은 1992년 구두에 강력한 인상이 부족하다고 생각해 구두 밑창을 빨갛게 칠했다.

루브탱은 "이 디자인은 매우 성공적이었으며 구두 디자인의 정석으로 자리잡았다"고 말했다.

구두의 빨간 밑창은 비주얼 해머였지만, 언어적인 못은 지난 20년간 크리스티앙 루브탱이 패션을 이끌도록 도운 스틸레토 힐(Stiletto heel: 12cm 이상의 굽 – 옮긴이)이었다.

색이라는 해머는 소매 영역에서 특히 효과적이다. 시속 50마일(약 시속 80km – 옮긴이)로 주행 중이라도 맥도날드를 못 알아보고 지나칠 수 없다. 미국의 고속도로에서 맥도날드의 황금 아치는 운전자의 눈길을 끈다.

와플 하우스(Waffle House)는 운전 중인 여행자의 시선을 사로잡는 비주얼이다. 브랜드명인 노란 활자가 커다랗게 보인다.

많은 와플 하우스는 한 걸음 더 나아가 기발한 아이디어를 실행했다. 그들은 브랜드의 정체성을 확고히 하기 위해 커다란 노란 차양을 달았다.

다음 단계는 건물 전체를 노란색으로 칠하는 것이었다. 이처럼 단일 색을 브랜드와 연관 짓는 것은 와플 하우스를 비롯한 대부분의 브랜드에 좋은 방법일지도 모른다.

레드 루프 인(Red Roof Inn)은 비주얼 해머로 빨간 지붕을 사용하는 모텔 브랜드다. 레드 루프 인은 빨간 지붕과 소비자 혜택을 연결하는 못을 놓쳤다.

색을 떠올릴 때 많은 소매점은 페인트 통을 간과한다.

많은 소매업자는 디자인을 할 때, 독특성보다 매력에 초점을 맞춘다.

세계적인 대형 정유 회사 가운데 하나인 엑손(Exxon)의 경우를 보자. 허츠(Hertz)는 노란색, 스타벅스(Starbucks)는 초록색, 에이비스(Avis)는 빨간색, 티파  니는 파란색인 데 반해 엑손하면 무슨 색이 떠오르는가?

빨간색과 파란색을 활용한 엑손의 주유소는 길이나 고속도로에서 '노란색' 한 가지로 꾸민 로열 더치 셸(Royal Dutch Shell) 주유소, '초록색'의 BP 주유소보다 가시성이 떨어진다.

화물 항공사인 페더럴 익스프레스(Federal Express)는 "반드시, 확실히 하루 만에 도착해야 할 때(When it absolutely, positively, has to be there overnight)"를 언어적인 못으로 사용했다. 그러나 페덱스 브랜드의 비주얼 해머는 무엇이었는가?

물론 '익일 배송 우편(The overnight
letter)'이다. 페덱스는 수령자가 페덱스
봉투가 도착했을 때, 페덱스에 최고
의 관심을 보일 것이라고 확신했다.
그래서 페덱스는 따분한 사무실 환경
에서 쉽게 눈에 띌 것 같은 두 가지 색을 골랐다.

보라색과 주황색.

페덱스의 뛰어난 선택은 충격적인 색 때문에 단기간에 효력을
보았다. 하지만 장기간은 아니었다. 단일 색이었다면 더 큰 효과를
거두었다.

이후에 페덱스는 새로운 명칭의
회사를 위해 다른 회사처럼 다양한
서비스로 사업을 확장하면서 브랜드
를 차별화하기 위해 다른 색을 사용
하기 시작했다.

'익스프레스(Express)'는 빨간색, '커스텀 크리티컬(Custom Critical)'은
파란색, '그라운드(Ground)'는 초록색으로 했다.

오늘날 페덱스는 특별한 색깔이 연상되지 않는 무지개와 같은
기업이다. 이것은 많은 기업이 따르는 전형적인 방식이다.

주요 경쟁자인 UPS(United Parcel Service)는 다른 방식으로 접근했다.
어디서나 볼 수 있는 흔한 색이 아니라 사람들이 선호하지 않는 색

인 '갈색'을 골랐다(기업은 대부분 '다르게 보일' 절호의 기회가 있어도 '더 나아 보이는' 것에 초점을 맞춘다. 색에서도 마찬가지다).

오늘날 티파니의 파란색처럼 갈색은 UPS와 강하게 연결된다. 실제로 UPS는 "갈색이 무엇을 해줄까요?(What can Brown do for you?)"라는 강력한 헤드라인을 광고에 사용했다.

갈색은 강력한 비주얼 해머이지 만, 현재 "물류를 사랑합니다(We love logistics)"라는 UPS의 못은 약하다.

나도 컨설팅을 매우 좋아하지만, '나는 컨설팅을 사랑해'라는 문구는 우리의 마케팅 컨설팅 회사에 어울리는 언어적인 못이 아니다.

지나치게 포괄적이다.

갈색 비주얼 해머에 적절한 언어적인 못은 무엇일까? 좋은 언어적인 못은 더할 나위 없이 경쟁력이 있다. 주요 경쟁자에게서 브랜드를 차별화한다.

UPS와 페덱스의 차이점은 무엇인 가? 물류가 아니라 양사의 업무 원칙에 답이 있다.

대표성이라는 점에서도 장래성이 있기는 하지만, UPS에게 훨씬 더 큰 기회가 있다. UPS는 오늘날 오프라인에서 온라인으로 전환된 소비 성향에 맞춰, 옐로 페이지(Yellow

Pages)를 벤치마킹해 디지털 고객들을 위해 '최적의 운송 서비스(the ideal shipping service)'를 목표로 포지셔닝했다.

사람들은 스타벅스의 로고가 녹색인 것을 알지만, 경쟁사인 던킨 도너츠(Dunkin' Donuts)의 색깔은 모른다.

미국에 던킨 도너츠 매장은 6700개 이상이 있지만 대부분 미시시피강 동쪽에 있다. 게다가 던킨하면 떠오르는 특정한 색깔이 없다. 던킨의 주

황색과 분홍색은 매력적이지만, 스타벅스의 녹색 인어와 맥도날드의 노란색 'M'만큼 기억에 남지 않는다.

맥주병의 색깔이 '갈색'인 이유는 무엇일까?

실제로 갈색이 빛의 투과를 막아 병에 담긴 맥주의 일광취(맥주가 햇빛에 노출되었을 때 나는 악취 – 옮긴이)를 방지한다는 사실을 밝혀낸 1930년대 이전까지 맥주병 색깔은 녹색이었다(햇빛은 스컹크의 방귀와 거의 유사한 화학물질을 만드는, 황에 반응하는 홉 속의 산을 분해한다).

제2차 세계대전 발발 이후 유럽에서 갈색 맥주병의 공급이 줄어들자 하이네켄(Heineken)을 비롯한 맥주 회사들은 녹색 맥주병을 수출했다.

미국 수입 맥주 시장의 소비자들은 하이네켄을 '녹색병'으로 연상했다.

업계의 신문들은 하이네켄을 "녹색 표준(The Green Standard)" 맥주라고 했고, 맥주 애호가들은 "그리니(greenie)"라는 애칭으로 불렀다.

오늘날 녹색병과 녹색 라벨은 하이네켄 브랜드의 비주얼 해머다. 그러나 하이네켄의 언어적인 못은 무엇인가?

수년간 하이네켄은 "진실을 찾아라(Seek the truth)", "모든 것이 참(It's all true)", "맥주에 대한 모든 것(It's all about beer)", "갈증 해소를 위한 최고의 만족(Satisfy your thirst for the best)" 같은 아이디어를 슬로건에 담았다. 가장 최근에는 슬로건으로 "당신의 세상을 열어라(Open your world)"와 영국에서는 "다른 맥주는 따라올 수 없는 상쾌함(Refreshes the parts other beers cannot reach)"을 사용했다.

이것은 모두 실수다. 리더는 일반적으로 자사의 장점을 강조해야 한다. 한때 미국 하이네켄은 수입 맥주 시장의 약 40%를 점유해, 2위 브랜드인 몰슨(Molson)과 점유율에서 두 배나 차이가 났었다.

이때 병 위에 라임을 넣어 강력한 비주얼 해머를 갖춘 멕시코 맥주 코로나(Corona)가 시장에 등장했다. 1997년 하이네켄은 2위로 내려앉았고, 계속 실수를 했다.

하이네켄은 이전의 자그마한 붉은 별이 크게 보이게 하려고 상표를 다시 디자인했고, "한참 쳐다보면 붉은 별을 볼 수 있습니다(Stare at this for a long time and you'll see a red star)"라는 아이디어에 맞춰 광고

캠페인을 만들었다.

맥주 애호가들은 당연히 "이 맥주가 러시아 맥주인가?"라며 혼란스러워했다.

그러자 하이네켄은 코로나와 매출 차이가 훨씬 더 커졌다.

마케팅 프로그램에서 단어를 바꿀 수 있다. 그러나 강력한 비주얼 해머(카우보이, 오리, 라임, 오렌지에 꽂은 빨대, 구두의 빨간 밑창, 그 외 수많은 것들) 구축에 성공했거나 브랜드에 상당한 피해를 입히는 경우가 아니라면 비주얼 해머를 바꿔서는 안 된다.

현재의 비주얼 해머를 지켜야 한다. 그렇다면 앞으로 수십 년 동안 비주얼 해머를 효과적으로 운영할 수 있는 방안은 무엇인가?

놀랍게도 제품 자체에서 비주얼 해머를 찾는 기업은 그다지 많지 않다.

코로나는 왜 라임을 상표에 사용하지 않았는가? 버드와이저는 왜 상표에 클라이즈데일 종의 말을 그려 넣지 않았는가?

기업은 수백만 달러를 들여 소비자의 마음속에 비주얼과 언어적인 아이디어를 전달하지만, 이것들을 상표에 담는 데는 신경을 쓰지 않았다.

맥주 업계에서 또 다른 눈에 띄는 성공담은 현재 미국 시장에서 점유율 10%를 차지하고 있는 은색 총알(Silver Bullet) 쿠어스 라이트(Coors light)다(녹색이 하이네켄을 상징한 것처럼 '은색'은 쿠어스 라이트를 의미한다).

'은색 총알' 디자인 덕분에 쿠어스 라이트는 밀러 라이트(Miller Lite)의 점유율을 7.9%까지 떨어뜨렸다(밀러의 거대한  제품군 확장은 밀러 브랜드를 약화시켰다. 밀러 브랜드는 밀러 하이 라이프로 시작해 밀러 레귤러, 밀러 클리어, 밀러 칠, 밀러 제뉴인 드래프트, 밀러 제뉴인 드래프트 라이트, 라이트 아이스, 밀러 리저브, 밀러 리저브 앰버 에일, 라이트 제뉴인 드래프트, 라이트 울트라, 밀러 제뉴인 드래프트 64 등으로 제품을 확장했다).

여전히 쿠어스 라이트는 현재 25%를 점유 중인 버드 라이트(Bud light)와도 큰 격차가 있다.

그러나 나는 쿠어스 라이트 브랜드가 '은색 총알' 덕에 꾸준히 성장해 밀러 라이트를 제칠 것이라고 예상한다(2011년 쿠어스 라이트는 버드와이저를 제치고 2위 브랜드로 올라섰다).

맥주의 왕 버드와이저는 언어적  인 못을 강화하기 위해 독특하고 새로운 방식으로 반격을 가했다.

새로운 버드와이저 캔은 빨간색 캔 따개에 '왕관(crown)' 모양의 상징을 새겨 넣었으며, 이는 눈에 띄는 시각적 아이디어였다.

버드와이저 병에는 산소를 차단해 풍미를 유지하도록 고안된 새로운 병뚜껑이 사용되었다.

붉은 캔 따개에 사용한 왕관 모양과는 다르게 "풍미를 가둔 왕관(Flavor-lock crown)"이라는 새로운 왕관을 사용했다.

이것은 실수였다. 일관된 브랜드명, 슬로건, 비주얼 해머만이 브랜드를 구축할 수 있다. 다양해서는 안 된다.

색깔도 마찬가지다. 한 가지 색을 사용하는 브랜드는 다양한 색을 사용하는 브랜드보다 효과적이다. 버거킹과 맥도날드를 비교해 보자.

맥도날드 매장은 어디서나 눈에 잘 띄지만, 버거킹 매장은 대부분 잘 보이지 않는다. 버거킹 간판의 색깔은 무엇인가?

| 이전 | 현재 |

대부분의 버커킹 매장에는 커다란 어린이 놀이터가 설치되어 있다. 하지만 맥도날드에 설치된 놀이터가 더 잘 알려져 있다. 버거킹 건물에 써놓은 로고타이프만이 맥도날드와 다른 매장임을 알릴 뿐이다.

예전의 버거킹 로고는 햄버거처럼 보인다. 그러나 현재 로고는 추상화 같다.

브랜드가 사용해야 할 색은 명확하다. 그러나 일부 기업은 여전히 실수를 한다.

'빨간색'으로 칠한 오스트레일리아 항공사 버진 블루(Virgin Blue)를 보라. 버진 블루의 이름과 빨간 항공기가 잠재 고객의 머릿속을 혼란스럽게 한다.

레드불(Red Bull)도 같은 실수를 했다. 버진 블루의 항공기가 빨간색인 반면, 레드불은 반은 빨갛고 반은 파랗게 디자인된 레드불 콜라를 제외하고는 주로 파란색을 썼다(확장된 다른 제품군의 경우에도 색이 일치되지 않는다).

브랜드는 대개 하나의 색으로 시작한다. 어느 정도 성공하고 나서 경영진은 레드불처럼 다양한 분야로 브랜드 제품군을 확장하기로 결정한다.

이때 문제가 발생한다. 다양한 영역에서 브랜드를 어떻게 차별화할 것인가?

기업에서 사용하는 가장 일반적인 방법 중 하나가 다른 색을 쓰는 것이다. 이러는 동안 브랜드의 색을 잃게 된다.

소매업자는 색에 관한 한 단순히 로고마크만 한 가지 색으로 해서는 안 된다. 소매상은 전체 상점이 한 가지 색으로 연상되도록 해야 한다.

수년 전 엘리자베스 아덴(Elizabeth Arden)은 뉴욕 매장의 출입구를

'빨간색'으로 칠했다.

'빨간 문(red door)'은 엘리자베스 아 덴 브랜드의 트레이드마크가 되었으 며, 현재 레드 도어 스파(Red Door Spa) 31개 지점과 스파 제품에도 사용되고 있다.

전 세계 대부분의 신문이 회색 신문 용지에 인쇄되는 데 반해 ≪파 이낸셜 타임스(Financial Times)≫는 살굿빛 용지에 인쇄된다. 신문이 적자 를 보는 시대에 ≪파이낸셜 타임스≫는 200만 독자에게 읽히며 이익 을 내고 있다.

아스트라제네카(AstraZeneca)가 개발 한 보라색의 속 쓰림 증상 개선제 넥 시움(Nexium)의 경우를 살펴보자.

한때 미국 제약 시장에서 넥시움 의 보라색 약은 두 번째로 많이 판매되는 처방약이었다.

넥시움의 제조사 아스트라제네카는 심지어 퍼플필닷컴(PurplePill. com)이라는 웹 사이트를 운영했다.

빨강은 가장 주목을 끄는 색이다. 그것은 정지신호와 같다. 비상 상황이 색이나 깃발과 아무런 관련이 없는데도, 종종 '레드플래그(red flag)'라고 불린다.

이것은 상점의 바깥벽에 빨간색이 가장 많이 사용되는 이유다.

상점 안쪽은 다르다. 소매상은 상점 실내의 벽이나 배경 색으로 녹색이나 파란색을 선호하는데, 소비자가 다른 데 눈을 팔지 않고 제품에 집중하도록 하기 때문이다.

DVD를 대여해주는 크고 화려한 빨간색의 키오스크 '레드박스(Redbox)'는 업계에 혁신을 불러일으켰다.

슈퍼마켓 안에서 이 간이 판매대를 보지 못하는 경우도 드물고, 하루 1달러로 대여해주는 서비스를 그냥 지나치기도 어렵다.

블록버스트 영화들이 파산하던 2010년에 레드박스의 소유 업체인 코인스타(Coinstar)는 지속해서 이익을 남겼으며, 레드박스의 연간 매출은 약 10억 달러에 이른다.

마스터카드(MasterCard)와 비자(Visa) 같은 많은 전통 브랜드는 다양한 색깔을 쓴다. 이러한 브랜드의 로고마크는 보기 좋게 디자인되었지만, 대중에게 관심을 받지는 못했다.

디자인은 지금과 같은 복잡한 시장에서 불리하게 작용한다.

마스터카드와 비자카드가 사용한 색깔이 무엇인지 기억하지 못할 것이다. 여러 색을 사용한 어리석은 두 가지 사례가 있다.

스티브 스트라이트(Steve Streit)는 기존 카드 회사와 경쟁하기 위해서 아이디어를 고안했다. 그 아이디어는 은행 계좌나 신용이 없는 사람들을 위한 직불 카드였다. 이 카드의 색깔은 무엇이 적당할까?

새로운 영역에 처음 도전한다면 고가의 디자인 비용이나 예술적인 취향은 삼가라. 금융 분야에서 확실한 색은 화폐 색깔과 같은 초록색이다.

그렇다면 비주얼로 사용할 수 있는 가장 단순한 상징은 무엇일까?

보나 마나 원이다. 그래서 이름이 그린 닷(Green Dot)이 되었다. 그린 닷은 미국 최초의 직불 카드로서 큰 성공을 거둔 브랜드가 되었다.

7년간 연 5억 7400만 달러의 매출과 3400만 달러의 순이익을 거두었다. 그린 닷의 최근 시가 총액은 무려 8억 3300만 달러였다.

큐리그 그린 마운틴(Keurig Green Mountain)의 성공 사례를 살펴보자. 일회용 캡슐 커피 시장의 성장으로 그린 마운틴은 급속히 성장했다.

2004년 1억 3700만 달러에서 10년 후에는 47억 달러까지 매출이 상승했다.

때로는 기능적으로 덜 효과적인 색을 선택함으로써 성공할 수 있다.

애플 아이팟의 하얀색 이어폰이 아이팟을 위해 얼마나 효과적인 비주얼 해머였는지 살펴보자. 옷, 시계 등 개인용품은 좋은 비주얼 해머다.

아이팟은 7%를 점유한 샌디스크(SanDisk)를 제외하면 확실한 2위 브랜드가 없는 MP3 플레이어 시장에서 74%를 점유해 압도적인 모습을 보여주고 있다.

전통적으로 전자 제품의 선은 검은색이다. 선은 필요악이기 때문에 눈에 잘 안 띄는 검정색을 택한 것이다.

좋은 비주얼 해머 전략을 구사해온 애플은 이와는 반대로 했다. MP3 플레이어에서 중요한 부분도 아닌데, 왜 이어폰 줄에 주목한 것일까?

흰색 이어폰은 전자 기기의 작동에 중요한 부분은 아니지만, 친구나 친척들에게 '가짜(imitation)'가 아닌 진짜 애플 아이팟을 가지고 있다는 점을 확실히 알려준다.

아이팟의 흰색 이어폰, 코카콜라의 컨투어병, 나이키의 스우시, 벤츠의 세 꼭지 별과 다른 다른 비주얼 해머는 브랜드의 진품성을 시각화했다.

오랫동안 비주얼 해머를 잘 관리해온 브랜드가 하나 있는데, 통조림 수프 시장에서 항상 선두에 있는 브랜드 캠벨 수프(Campbell's soup)다.

빨간색과 흰색이 조합된 캠벨의 캔은 미국의 아이콘으로, 1960년

앤디 워홀(Andy Warhol)의 실크스크린 작
품에 등장해 유명해졌다. 그러나 살
펴본 것처럼 변화의 바람을 거스르기
어려웠다. 빨간 면은 밀려 올라갔고
흰 면은 사진으로 채워졌다.

캠벨 수프 회사가 빨간색과 흰색의 캔 아이콘에서 그저 그런 농
축 캔 수프가 되는 데 얼마나 걸릴까?

적어도 캠벨 수프는 많은 기업이 하지 못한 것을 하려고 고군분
투해왔다. 즉, 브랜드를 차별하기 위해서가 아니라 캠벨의 다양한
제품을 차별화하기 위해 색깔을 사용했다.

과연 얼마나 많은 컨설턴트들이 완두콩 수프는 녹색과 흰색 캔
으로, 치킨 누들 수프는 노란색과 흰색 캔으로, 프랑스식 양파 수프
는 갈색과 흰색 캔으로 구별하라고 캠벨 수프에 조언을 했을지 궁금
하다.

슈퍼마켓의 매대에서 캠벨 수프의 색깔은 소비자가 원하는 제품
을 곧바로 선택할 수 있게 한다. 가장 우선해야 할 바람직한 목표는
브랜드를 한눈에 구분하도록 만드는 것이다.

애플의 흰색 트레이드마크의 효과를 살펴보자. 과거에 애플은
여섯 가지 색깔을 써왔다. 트레이드마크를 비교해보면 흰색보다 여
섯 가지 색깔의 트레이드마크가 더 멋있어 보인다. 하지만 '정체성'
은 매력보다 중요하다.

애플의 '흰색' 비주얼은 애플의 제
품을 단번에 구별하게 하는 효과가
있다.

애플은 더 나아가 그 마크를 노트
북 덮개 위에서 빛나게 했다. 더 멋진 것은 한 입 베어 문 사과를 표현
한 것이다.

블랙베리(BlackBerry)와 애플을 비교
해보면 블랙베리라는 이름이 더 근사
하다. 블랙베리는 두운을 활용했고,
애플보다 하이테크 회사의 이름으로
더 적절하다.

그러나 한 가지 문제는 이 이름을 어떻게 시각화할 것이냐였다.

블랙베리는 블랙베리 씨앗으로 자사의 정체성을 표현했는데, 이
것으로는 불충분했다. 블랙베리의 이상한 모양은 전혀 멋져 보이지
않았다.

애플비스 네이버후드 그릴 앤드 바
(Applebee's Neighborhood Grill & Bar)는 미국의
1861개 매장에서 2013년 45억 달러의
매출을 올린 가장 큰 식당 체인이다.

애플비스라는 이름은 듣기에 좋은 단어를 조합해 만든 것으로
보인다.

알파벳 'a'가 앞에 오고 'b'가 다음에 오기 때문에 애플비스의 소리는 자연스러운 반면, 비애플(Beeapple)이라고 바꿔서 발음할 경우에는 이상하게 들린다.

애플비스는 빨간 사과를 브랜드의 비주얼 심벌로 사용했다. 그런데 왜 애플비스는 체인의 브랜드명을 절반만 시각화한 상징을 사용했는가?

애플비스는 벌과 사과를 둘 다 심벌로 사용할 수 있었지만, 그렇게 하지 않았다. 하나의 심벌이 기억에 잘 남고 두 개의 심벌은 혼란스럽다는 논리는 옳지만, 시각적으로는 틀렸다.

과일 이름을 붙인 또 다른 브랜드명은 성장하고 있는 빙과류 체인점 '핑크베리(Pinkberry)'다. 250개 이상의 매장에서 구름처럼 몰려드는 손님에게 디저트를 판매한다.

블루베리는 파란색, 블랙베리는 검정색이지만, 핑크베리의 로고는 왜 녹색인 걸까?

혼란을 줄 수 있어 좋은 아이디어는 아니다. 로고 전체가 분홍색이어야 했다.

핑크베리의 경쟁사 가운데 하나인 레드 망고(Red Mango)가 시장에 처음 등장하자, 핑크베리의 성장세는 둔화되고 매장은 200개에 머물렀다.

이에 반해 레드 망고는 빨간 형광 색 원형을 로고마크로 사용해 시각적 으로 차별화했을 뿐 아니라 브랜드를 돋보이게 했다.

같은 사업 영역에서 색을 포함한 이름이 없을 경우에 브랜드명의 일부로 색을 사용하는 것은 좋은 생각이다. 그러나 소비자들은 브랜드명을 문자 그대로 받아들인다는 점을 명심해야 한다.

브랜드의 색으로 브랜드명과 같은 색을 사용하는 비주얼 해머가 필요하다.

05

제품

이상적인 해머

제품을 디자인할 때, 비주얼 해머를 구현할 수 있다면, 시장에서 커다란 장점을 얻을 수 있다.

특히 해당 업계에서 처음 시도하는 것이라면 특별히 더 힘이 된다. 첫 번째로 시도한다면 그 독특한 디자인은 그 분야에서 최고라는 것을 보여주는 살아 있는 증거가 된다.

롤렉스(Rolex)는 이러한 장점을 잘 보여준 브랜드다.

독특한 시곗줄은 지위의 상징일 뿐만 아니라 롤렉스를 고급 시계의 대표로 자리를 잡게 하는 비주얼 해머다.

현재 많은 브랜드가 그렇듯이, 롤렉스가 첫 번째 고급 시계는 아니었다. 그러나 소비자의 머릿속에는 첫 번째 고급 시계 브랜드로 자리 잡고 있다.

새로운 영역은 항상 새로운 브랜드가 쏟아져 나오면서 시작된다. 수천 개의 에너지 드링크 브랜드와 수백 개의 컴퓨터 브랜드가 있다.

최근의 첨단 제품인 태블릿 PC의 경우를 보면 2011년 1월에 80개 이상의 브랜드가 소개되었었다.

선두 브랜드가 모든 영역에서 '최고'의 제품을 만들지 않는다.

제품이 좋다고 해도 다른 브랜드보다 뛰어나다고 말할 수 없다. 존 F. 케네디(John F. Kennedy)는 "삶은 불공정하다"라고 말했다. 이 말은 정치뿐 아니라 마케팅에서도 진실이다.

상반되는 근거가 있는데도 마케팅 담당자들은 선도 브랜드가 더 나은 제품이라고 확신한다.

예를 들면, 소비자 분야의 몇 안 되는 독립 기관 중 하나인 컨슈머 리포트(Consumer Reports)는 무수히 많은 제품 실험으로 때로는 2등 브랜드가 시장의 대표보다 확실히 우수하다는 것을 입증했다.

커피의 경우도 실험 결과, 놀랍게도 맥도날드가 스타벅스의 품질을 앞질렀다.

브랜드를 승자로 만드는 것은 브랜드가 리더라는 인식이다. 제품 간의 경쟁은 품질이 아닌 인식의 경쟁이다.

소비자는 고급 커피 시장의 리더인 스타벅스를 다른 커피 브랜드보다 우수하다고 인식한다.

새로운 영역의 브랜드는 소비자의 머릿속을 차지하기 위해 경쟁하는데, 소비자의 머릿속에 처음으로 선두 자리를 구축한 브랜드를 제거하기란 거의 불가능하다(특정 분야에서 실제로 첫 번째 브랜드인지 아닌지는 전혀 중요하지 않다).

화장지에서 클리넥스(Kleenex), 케첩에서 하인즈(Heinz), 마요네즈에서 헬만스(Hellmann's)의 경우가 그렇다.

단어와 비주얼을 비교하면 비주얼보다는 단어가 약하다. 단어는 기억하기 어렵고 신뢰가 부족하다. 반대로 비주얼 해머는 기억이 잘 되고 감성적이다.

이상하게도 비주얼에서 과장은 효과가 있지만, 단어의 과장은 효과가 없다. '랄프 로렌은 폴로 경기를 하는 선수가 입는 브랜드'라는 말은 소비자를 지루하게 만든다.

반면에 이와 똑같은 의미를 전달하는 폴로 선수의 비주얼은 강력한 장치가 된다. 이것은 랄프 로렌이 부유한 소비자들의 브랜드이자 이 영역의 리더가 될 수 있었던 이유다.

폴로는 백만장자와 왕족들이 요트 경기 다음으로 즐기는 호화스러운 스포츠다.

녹색 악어가 라코스테(Lacoste)의 무
엇을 말하는가? 브랜드가 라코스테라
는 것 외에 어떤 의미도 없다.

본질적으로 녹색 악어 디자인은
그저 악어를 나타내는 그림의 조합이다. 반면 폴로 선수 디자인은
랄프 로렌이 리더임을 보여주는 비주얼 해머다.

사람들은 본 것을 믿지만, 들은 것은 의심하는 경향이 있기 때문
에 비주얼은 매우 강력하다. 사람들은 "진짜야. 내 눈으로 똑똑히 봤
어"라고 말한다.

비주얼 해머는 단어만으로는 불가능한 브랜드의 가시성을 만
든다.

롤스로이스(Rolls-Royce) 자동차를 보자. 롤스로이스의 경우 미국
시장에서 광고도 하지 않았고, 매스컴의 주목도 거의 받지 못했다.

그런데도 롤스로이스의 이름은
잘 알려졌고, 세계 최고의 자동차 브
랜드로 여겨진다.

롤스로이스가 미국에 넘쳐나서
그런 것은 아니다.

2014년 미국에서 겨우 900만 대가 팔렸을 뿐이다. 그러나 롤스
로이스의 라디에이터 그릴은 여전히 강력한 비주얼 해머다.

일반 소비자들은 매년 롤스로이스를 몇 번 볼 수 없지만 본다면

롤스로이스에서 강력한 인상을 받는다.

독특한 그릴을 봤을 때, 당신은 '저게 무슨 차야?'라고 말하는 것이 아니라 '저건 롤스로이스야'라고 말할 것이다[2014년 같은 해에 마쯔다(Mazda)는 미국에서 30만 5801대의 차량을 판매했지만, 당신은 도로에서 얼마나 많은 마쯔다 차를 봤는지를 기억하는가? 비주얼 해머가 없다면 브랜드는 보이지 않는다].

포르쉐(Porsche), 페라리(Ferrari), 미니 쿠퍼(Mini Cooper)는 같은 방법을 택했다. 시각적으로 다른 차와 차별화해 디자인했고, 이 디자인을 수십 년간 유지했다.

하이브리드 자동차의 경우 미국 시장에 18개 브랜드가 있지만, 쉽게 떠오르는 브랜드는 시장의 지배자인 프리우스(Prius)다.

최근 토요타 프리우스는 하이브리드 자동차 시장의 46%를 차지했다.

혼다(Honda)와 토요타를 비교해보자. 2002년부터 혼다는 시빅 하이브리드(Civic Hybrid)로 토요타 프리우스와 경쟁해왔다.

그리고 최근에는 혼다 어코드 하이브리드(Honda Accord Hybrid)를 판매하기 시작했다.

현재 소비자들은 혼다 어코드 하이브리드와 시빅 하이브리드를 합한 것보다 프리우스를 여덟 배 더 많이 구입한다.

두 브랜드의 차이점은 무엇인가? 그 차이는, 프리우스는 비주얼 해머가 있다는 점이다. 도로 위에서 하이브리드 차량은 다른 차종과 확연히 구분되어야 한다. 더 작고 더 빨라야 한다. 혼다 시빅 하이브리드는 하

Honda Civic hybrid.

이브리드 차량이 아닌 그냥 혼다 시빅처럼 보인다(마찬가지로 혼다 어코드 하이브리드도 혼다 어코드처럼 보인다).

나의 이웃은 하이브리드 차량임을 과시하기 위해 혼다 시빅 하이브리드에 '하이브리드'라고 쓴 자동차 번호판을 달고 다닌다. 사람들은 단지 하이브리드 자동차보다 하이브리드처럼 보이는 자동차를 타고 싶어 한다.

'프리우스'라는 언어적인 못은 독특한 프리우스 비주얼을 머릿속에 반복해서 심어준다(혼다 시빅 하이브리드는 비주얼 해머도 언어적인 못도 없다).

주요 자동차 회사에서 관심을 기울이는 전기 자동차에 대해 알아보자. 가장 먼저 고속도로에 등장한 전기 자동차는 쉐보레 볼트 (Chevrolet Volt)와 닛산 리프(Nissan Leaf)다.

그러나 새로운 닛산 리프를 본 적이 있는가? 닛산 리프는 다른 소형차와 비슷하기 때문에 찾아보기 어렵다. 출시 첫해라면 단일 색으로 리프

를 제조할 수 있었겠지만, 지금은 너무 시간이 지나서 다시 디자인할 수 없다.

나라면 '녹색 전기차(electric green)'로 보이도록 디자인했을 것이다. 이런 단순한 방법을 활용했다면 비용이 들지 않는다.

다행히 최근에 닛산 리프는 '녹색 차'로 변신해 리프라는 브랜드의 '도로에서의 가시성(street visibility)'을 높였다. 당신이라면 '리프'라는 이름에 어떤 색을 사용했겠는가?

이 차의 얼리 어답터들(early adopters)이 선택의 폭이 좁다고 불평했을 것이라고 생각하겠지만, 내 생각은 다르다.

애초에 왜 리프를 구입했을까? 돈을 절약하기 위함이 아니라 '내 차를 보라. 나는 환경을 생각한다'라고 말하고 싶은 것이다. 확연히 구분되는 색은 훨씬 더 극적인 표현을 만든다.

물론 부정적인 비주얼 해머를 갖게 될 수도 있다. 2008년 미국 시장에 자동차 브랜드 스마트(Smart)가 소개되었다.

처음에는 스마트에 대해 운전 편리, 주차 편의, 우수한 연비 등 긍정적인 홍보 기사가 쏟아졌다. 도입 첫해, 시장에서 2만 4622대의 스마트가 판매되었다.

그러나 2년 차에 1만 4595대로 급락했고, 3년 차에는 5927대로 떨어졌다(그때부터 조금씩 늘어나 1만 453대가 판매된다).

스마트의 문제점은 도로에서의 가시성이었다. 이 때문에 부정적인 의견과 비판이 쏟아졌다.

"반쪽짜리 자동차에 제값을 줄 필요가 있나?"라거나 "자동차 뒷부분이 대형 트럭에 들이받힌 것 같다"고도 했다.

제품이 지나치게 차별화되면 잠재 고객은 다른 사람이 내 차에 대해 어떻게 생각할지를 고민한다.

소셜 미디어로 증폭된 사회적 압력은 소비자의 구매 결정에 중요한 역할을 한다.

사람들은 자신이 선택한 브랜드를 소개한다. 그들은 자신이 소유한 브랜드가 무엇인지를 모든 사람이 알아주기를 원한다.

그러나 일부 영역에서는 시각적으로 차별화하기 어렵다. 당신은 차별화된 남성 와이셔츠를 만들어낼 수 있지만, 보통의 소비자라면 와이셔츠로 자신을 차별화하지 않는다.

그 대신 랄프 로렌은 셔츠에 폴로 마크를 셔츠에 넣었고, 그 첫 번째 셔츠는 상업적인 메시지를 담고 있었다. 게다가 과감하게 주머니를 없애 원가를 절감하는 차별화를 시도했다.

때로는 일부를 빼버리는 방식으로 제품을 시각적으로 차별화할 수 있다.

몇 년 전 민트 사탕을 만들던 회사는 제조사에 민트 사탕을 눌러 납작하게 만들어달라고 했다. 하지만 제조업자는 사탕에 구멍을 내는 것이 누르기에 더 낫다는 것을 깨달았다.

이런 이유로 브랜드명 '라이프 세이버스(Life Savers)'와 슬로건 "구멍 있는 민트 사탕(The candy mint with the hole)"이 만들어졌다.

이후 라이프 세이버스는 단기간에 미국 시장에서 1등 민트 사탕 브랜드가 되었고 1위 자리를 지켰다.

당신은 라이프 세이버스가 강력한 해머이기 때문에 껌, 과일 음료처럼 음료와 사탕 분야에도 적용하기 쉽다고 생각할지 모르겠다.

라이프 세이버스의 경영진도 당시에는 비슷한 말을 했다. "우리 소비자의 평을 보면 라이프 세이버스라는 브랜드명이 단순히 '구멍 있는 사탕' 이상의 의미가 있으며, 훌륭한 맛, 뛰어난 가치, 믿을 만한 품질을 나타낸다고 할 수 있다."

그러나 실제로는 그렇지 않았다. 라이프 세이버스의 껌, 과일 음료 등 다른 제품은 오래전에 사라졌다. 라이프 세이버스는 오직 '구멍 있는 민트 사탕'이다.

'라이프 세이버스 홀스(Life Savers Holes)'는 완전히 망했다.

비주얼 해머는 대형 해머(sledge hammer)가 아니다. 비주얼 해머는 머리 부분이 가늘고 긴 소형 해머(upholstery hammer)다. 라이프 세이버스는 구멍이 있는 젤리 제품으로까지 확장할 수 있었지만 그뿐이었다.

라이프 세이버스처럼 치리오스(Cheerios)도 시리얼에 구멍을 냈다. 시리얼은 대부분 밀, 옥수수, 귀리를 납작하게 눌린 것이다. 상자의 겉면은 다른 제품과 확연히 구분되지만, 그릇 안에서는 그렇지 못했다.

치리오스가 아니면 20피트(약 6m ─ 옮긴이) 밖에서 그릇 안에 있는 시리얼을 구분할 수 없다.

'구멍이 있는 시리얼(The cereal with the hole)'은 비슷비슷한 다른 시리얼과 치리오스를 구분하게 해주는 비주얼 해머다.

치리오스   ???

따라서 치리오스가, 슈퍼마켓에서 판매되는 여덟 개의 시리얼 제품 중 2등 브랜드인 켈로그의 스페셜 K보다 두 배의 점유율로 1등 브랜드가 되었다.

'구멍' 전략을 사용하는 또 다른 브랜드는 토머스 잉글리시 머핀(Thomas' English Muffins)이다. 이 브랜드의 "더 오리지널 눅스 앤드 크래니스 잉글리시

머핀스(The Original Nooks & Crannies English Muffins)"는 브랜드의 진품성과 차별성을 활용한 언어적인 못이다.

상표에 사용된 역마차 디자인 역시 언어적인 못을 박는 비주얼 해머다.

환기와 물 빠짐을 위한 구멍이 있는 '비치(Beach)'라는 이름의 신발 브랜드가 있었다.

이 브랜드는 '비치'라는 이름을 버리고 '크록스(Crocs)'로 이름을 바꿨다. 이후 충성스럽고 활동적인 팬들을 빠르게 사로잡았다.

크록스의 설립자인 듀크 핸슨(Duke Hanson)은 사람들이 "신발이 못생겼다"라고 말하면 "한번 신어보세요"라고 답했다. 마침내 크록스 브랜드의 언어

적인 못 "못생겨도 아름다울 수 있다(Ugly can be beautiful)"가 만들어졌다.

크록스의 성장은 놀라웠다. 2002년에는 매출이 거의 없었지만, 불과 5년 만인 2007년에 8억 4740만 달러의 매출에 1억 6820만 달러의 순이익을 남겼다.

성장만큼 크록스의 몰락도 놀라웠다. 2008년과 2009년 크록스는 14억 달러의 매출에 2억 2920만 달러의 손해를 보았다.

크록스의 사례는 '과유불급(too much, too soon)'을 보여준다. 크록스는 무지개 컬러의 제품뿐 아니라 끈을 끼워서 신는 샌들, 일반 샌들, 심지어 여성용 힐까지 다양한 스타일의 제품을 빠르게 쏟아냈다.

특히 가장 큰 문제는 확장된 제품들이 기존 브랜드의 언어적인 못인 "못생겨도 아름답다"를 부정할 정도로 매력적이고 세련되었다는 점이다.

게다가 크록스는 비닐 슈즈를 만드는 엑소 이탈리아(EXO Italia)와 지팡이, 장갑, 바지, 팔꿈치 보호대를 생산하는 퓨리 하키(Fury Hockey)

같은 회사를 인수하는 데 수백만 달러를 썼다. 크록스 의류를 출시한다는 말까지 있었다(의류에 구멍을 낸다고? 이것은 상식적인 판단이 아니다).

다행히 크록스는 확장했던 제품군 사업을 정리하고 2010년 다시 이익을 내, 흑자 기업이 되었다.

아주 작은 구멍조차 비주얼 해머의 재료가 될 수 있다. 이를 환상적으로 입증한 브랜드는 바로 숨을 쉬는 신발을 만드는 제옥스(Geox)다.

현재 매년 10억 달러 이상의 매출을 올리고 있다. 순이익률은 더 놀라운데, 지난 5년간 연평균 14%였다.

제옥스는 브랜드를 구축하는 데 성공적인 언어적·시각적 접근법의 힘을 보여주는 좋은 사례다. 단지 제옥스 브랜드의 이득만을 좇았다면  '당신이 살 수 있는 가장 건강하고 편안한 신발' 같은 슬로건을 제안했을지도 모른다.

이것이 모든 것을 대변한다. 그렇지 않은가?

이 슬로건은 비주얼 해머의 가능성을 배제했다.

'가장 건강한(healthiest)', '편안한(comfortable)'이라는 단어를 어떻게 시각화할 수 있을까?

당신은 하지 못할 것이다. 슬로건 "숨 쉬는 신발(The shoe that breathes)"은 제옥스 브랜드의 멋진 비주얼과 잘 어울렸다 비주얼 해머 없이 언어적인 주장만으로는 너무 평범하다. 소비자가 슬로건만 보면 '신발이 숨을 쉰다고? 우습네. 신발은 숨을 쉴 수 없잖아'라고 말했을 것이다.

비주얼 해머는 최고급 패션 브랜드에 특히 효과적이다. 비주얼 해머는 소비자에게 해당 브랜드가 얼마나 고급스러운 브랜드인지 알려준다.

최고가의 루이 비통(Louis Vuitton) 핸드백의 사례를 보자. 누구나 알 수 있는 반복된 로고마크 디자인을 사용한다.

특정 집단에서 루이 비통 핸드백은 여성이 소유해야 할 필수품 중 하나다.

보도에 따르면 도쿄의 20대 여성 90% 이상이 루이 비통 핸드백을 갖고 있다고 한다.

루이 비통 핸드백이 눈에 잘 띄지 않았다면 판매량은 그다지 높지 않았을 것이다.

루이 비통과 크록스의 성공이 보여준 것처럼 제품은 매력적이어야 하지만, 더 중요한 것은 차별화되어야 한다는 것이다.

인터브랜드의 최근 발표에 따르면 루이 비통은 전 세계에서 가치 있는 브랜드 순위 17위로, 249억 원의 가치가 있다. 또 다른 비주얼 해머의 사례는 전 세계에서 가치 있는 브랜드 순위 38위를 기록한 구찌(Gucci)다.

구찌는 비주얼 해머가 두 개다. 하나는 빨간색과 녹색 줄을 조합한 끈이며, 다른 하나는 알파벳 G 두 개를 겹친 트레이드마크다. 두 개의 비주얼
해머는 우수하지만 이 브랜드의 언어적 못은 어떠한가?

구찌와 루이 비통 둘 다 브랜드의 입지를 언어적으로 표현해 크게 혜택을 보았다.

≪보그≫의 패션 광고를 살펴보자. 그림의 구찌 광고같이 광고의 대부분이 비주얼이고, 카피는 브랜드명만 쓰인다.

시각화될 수 있는 언어적인 못을 만들어 '유행 패턴을 깰 수 있는' 좋은 기회들이 있다.

2008년 버락 오바마(Barack Obama)의 사례가 바로 그것이다. 오바마는 대통령 선거 캠페인으로 마케팅 업계의 시선을 끌었다.

미국 광고주협회(Association of National Advertisers) 총회에서 오바마는 '올해의 마케터(Marketer of the Year)'로 선정되었다.

2008년 그는 인상적인 비주얼 해머였던 떠오르는 태양 디자인에 "우리가 믿을 수 있는 변화(Change we can believe in)"라는 기억에 남을 만한 언어적인 못을 조합해 캠페인을 펼쳤다.

이 조합은 선거 한 해 전에 오바마의 대선 승리를 예측한 전문가

가 얼마 없던 선거를 승리하게 만들었다.

효과적인 언어적 못과 비주얼 해머를 이용한 마케팅 접근법이 당내에서 소수파에 불과했던 무명의 초선 상원 의원을 미국 대통령으로 만들었다.

그러나 궁금한 점이 하나 생긴다. 2012년 오바마의 캠페인은 무엇에 초점을 맞추었는가? '변화'가 아니었다.

왜 그랬을까? '변화'는 초반 임기 4년 동안 잘 이뤄지지 않았기 때문이다.

오바마는 모든 공약이 잘 이행되었다고 말해야 하지만, 공약은 절반밖에 지켜지지 않았다.

연두교서 연설에서 "우리는 너무 많이 와서 다시 돌아갈 수 없다"고 말했다. 그래서 2012년 캠페인에서는 슬로건 '앞으로(Forward)'를 사용했다.

다시 말해 오바마와 함께 "앞으로 갈 것인가?" 아니면 공화당의 밋 롬니(Mitt Romney)와 함께 "되돌아갈 것인가?"라는 의미다.

이로써 2008년 '올해의 마케터'로 선정된 오바마는 재선에 성공할 수 있었다.

06

포장

차별화하라

브랜드는 대부분 제품에 집중한다. 경쟁사보다 명백히 뛰어난 제품을 개발하고 만들었다는 것을 강조한다.

제품의 포장은 브랜딩 요소에서 간과된다. 물론 포장에는 브랜드의 장점을 설명하는 카피가 인쇄된다. 그러나 실제 포장의 모양과 구성물은 중요한 시각적 요소가 된다.

흔히 포장 디자인은 효율성, 비용, 실용성을 계산하는 생산 담당자가 맡는다.

헬만스(Hellmann's)는 그 좋은 사례다. 마요네즈의 선도 브랜드이지만 포장은 평범하고, 다른 마요네즈병과 비숫하다.

반면 하인즈의 '팔각형(octagon)' 모양의 케첩병은 혁신적인 포장으로 독보적인 브랜드가 되었다.

소비자들은 이 팔각형의 독특한 유리병을 보면 어떤 브랜드인지를 쉽게 알 수 있었다. 거의 코카콜라의 컨투어병만큼 유명했다.

하얀 테이블보가 깔린 고급 레스토랑에서도 하인즈 케첩병을 볼 수 있는데, 이렇게 대우받는 식품 브랜드는 몇 안 된다.

수년 동안 하인즈는 식품 분야 브랜드 중 가장 효과적인 언어적 못인 "서부에서 가장 천천히 나오는 진한 케첩(The slowest ketchup in the West)"으로 마케팅을 해왔다.

하인즈에 따르면 케첩은 아이콘이 된 유리병에서 시속 0.028마일(약 45m/h – 옮긴이)로 나온다고 한다.

이보다 점도가 더 높다면 소비자는 아마도 이 케첩을 사지 않았을 것이다.

최근 하인즈는 저가로 팔 수 있는 대용량의 플라스틱 케첩병을 판촉 중이다. 그러나 코카콜라의 컨투어병처럼 하인즈의 팔각 유리병은 매출 비율과 상관없이 브랜드의 중요한 비주얼 해머다.

당신이라면 팬티스타킹을 어떻게 눈에 띄게 디자인할 것인가?(여

성들은 눈에 띄지 않기를 원한다)

제품의 모양을 달리 할 수 없어도, 포장은 다르게 할 수 있다.

몇 년 전 하네스 코퍼레이션(Hanes Corporation)은 팬티스타킹의 선도 브랜드인 하네스를 선보였다. 그러나 하네스 브랜드는 백화점에서 판매되었고, 슈퍼마켓에서 판매할 두 번째 브랜드가 필요했다.

하네스가 선택한 이름은 훌륭했으며, 이 브랜드의 포장은 비주얼 해머로 아주 뛰어났다.

슈퍼마켓에서 판매된 팬티스타킹의 이름은 '레그스(L'eggs)'로, 이중적인 의미가 있는 이름이었다. 그리고 플라스틱으로 만든 계란 모양의 포장은 브랜드를 돋보이게 하는 비주얼 해머

출시 당시   현재

였다. 레그스는 가장 많이 팔린 성공적인 팬티스타킹 브랜드로 자리 잡았다.

그러나 계란 모양의 플라스틱 포장은 비용이 많이 들어 어느 시점부터 포장재를 플라스틱에서 종이로 바꾸었다.

그것이 항상 나쁜 것만은 아니다. 일부 영역에서는 새로운 브랜드가 탄생할 때 값비싼 포장이 필요할 때도 있다. 브랜드가 성공하고 난 뒤, 가격 부담을 줄여 포장 재료를 바꾸기도 한다.

매년 새로운 브랜드가 등장하는 영역은 음료업이다. 최근에 성공한 음료 브랜드는 비타민워터(Vitaminwater)다.

2007년 코카콜라는 역사상 가장 많은 비용을 지불해 비타민워터와 스마트워터를 생산하는 글라소(Glaceau)를 41억 달러에 인수했다.

비타민워터 병은 이전의 어떤 병 디자인보다도 시선을 사로잡는다.

'비타민' 음료에 꼭 맞는 밝은 비주얼 콘셉트는, 소비자에게 약국에서 판매하는 약품을 떠올리게 한다.

비타민워터 브랜드의 가치가 41억 달러인지 아닌지는 또 다른 문제이지만 분명 이 브랜드의 비주얼은 성공적이었다.

하지만 주의하라. 비타민워터 병은 비타민병처럼 상징적으로 보이게 디자인되었지만, 이런 디자인이 처음이 아니었다면 이는 분명히 잘못된 전략이다.

새로운 영역에서 첫 번째가 아니라면, 해당 영역에서 전혀 없었던 병처럼 보이게 디자인하려고 할 것이다.

가장 역사가 오래된 술 중 하나인 보드카의 경우를 보자. 몇몇 폴란드 보드카 브랜드의 역사는 수세기를 거슬러 올라간다. 16세기부터 주조되기 시작한 즈블로카(Zubrowka)와 슈타르카(Starka), 17세기부터 시작된 골드바서(Goldwasser)가 대표적인 예다.

폴란드나 러시아 브랜드에 비해 스웨덴에서 온 앱솔루트(Absolut)는 1979년 봄까지도 소개되지 않았다.

늦은 출발에도 앱솔루트 병은 세상에서 가장 유명한 비주얼 해머 중 하나가 되었다.

앱솔루트는 병이 보드카병처럼 보이지 않게 약국에서 볼 수 있는 링거액 병처럼 생긴 디자인을 채택했다.

스웨덴의 광고 임원인 군나르 브로만(Gunnar Broman)은 자사의 새로운 보드카를 출시하는 데 도움을 받으려고 광고 회사 N. W. 에이어(N. W. Ayer)에 병을 전달하고 이름을 지어달라고 요청했다.

"의료용 병처럼 보인다"라는 말이 그들의 첫 번째 반응이었다. 또 다른 사람은 "혈장 등을 위한 용기로 보인다"라고 맞장구를 쳤다. "이런 모양으로는 판매가 불가능하며, 의사에게나 판매가 가능할 것이다"라고 말하는 사람도 있었다.

결국 이 제품은 광고 회사 TBWA에서 맡았다. 이후 이 회사는 수많은 상을 수상한 장기 광고 캠페인을 만들면서 앱솔루트 병을 인기 브랜드로  만들었다. 이들이 만든 광고의 헤드라인으로는 "앱솔루트의 매력(Absolut attraction)", "앱솔루트의 완벽함(Absolut perfection)", "앱솔루트의 보물(Absolut treasure)"이 있었다.

이 병 광고가 얼마나 효과적이었으면, 이후 앱솔루트는 미국의 수입 보드카 중 1위 브랜드가 되었고, 전 세계에서 잘 팔리는 10대 증류주 브랜드 중 하나가 되었다.

≪애드버타이징 에이지≫는 앱솔루트 '병' 캠페인을 20세기 100 대 광고 캠페인 중 하나로 7위에 선정했다.

병이 비주얼 해머라면 앱솔루트의 언어적 못은 앱솔루트의 높은 가격이었다.

가장 많이 팔리는 보드카 선두 브랜드 스미노프(Smirnoff)와 비교하면 앱솔루트가 65% 더 비싸다.

'무색, 무취, 무향(colorless, tasteless and odorless)'인 술값에 관한 법 규정이 있었기 때문에 큰 가격 차이가 났다.

왜 광고에서 가격을 언급하지 않았을까? 사실 '더 비싼'이라는 말을 세련되고 쉽게 전달하기 어려웠기 때문이다.

게다가 가격을 언급했다면, 보드카 소비자는 주류 매장에서 구매하거나 최고급 레스토랑에서 앱솔루트 마티니를 주문하자마자 가격이 비싸다고 인식할 것이다.

또 다른 특이한 사실은 많은 비주얼 해머가 신생 회사에 의해 만들어지고, 대기업은 거의 비주얼 해머를 만들지 않는다는 점이다.

IBM, 제록스(Xerox), 버라이즌(Verizon), 휴렛팩커드(Hewlett-Packard), GE(General Electric), 인텔(Intel), 시스코(Cisco), 오라클(Oracle) 같은 대형 브랜드의 비주얼 해머는 무엇인가?

대기업의 비주얼 해머는 보통 벤츠의 세 꼭지의 별, 롤렉스의 시곗줄, 캠벨 수프의 캔처럼 몇 세대 이전부터 완성된 유산에 의해 만들어진다.

대기업은 조사 없이 마케팅 차원의 결정을 내리지 않는다. 그리고 소비자는 일반적으로 지나치게 다른 것을 좋아하지 않는다.

앱솔루트를 수입할 계획이었던 회사 카리용(Carillon)의 사장 미셸 루(Michel Roux)는 "우리는 6만 5000달러의 조사비를 썼는데, 결과는 부정적이었다", "앱솔루트는 주류 매장의 매대에서 사라질 것이고, 브랜드명은 보드카 같지 않으며, 이런 술을 만드는 스웨덴은 보드카 생산국이라고 볼 수 없다"라고 말했다.

심리학 이론에 따르면 소비자는 '더 나은 것'을 좋아하지만 '다른 것'은 좋아하지 않는다. 하지만 마케팅에서는 이와 반대로 '더 좋은 것'보다 '다른 것'이 먹힌다는 원칙이 있다.

병의 모양을 다르게 할 수 없다면 제품을 담는 잔을 달리해 제공할 수 있다.

1999년 미국 시장에 출시한 스텔라 아르투아(Stella Artois)는 이 같은 전략을 택했다.

새로운 맥주를 소개하기 위해 스텔라 아르투아를 만드는 벨기에의 맥주 회사 인터브루(Interbrew)는 맨해튼의 20개 회원제 바와 클럽으로 유통을 한정했다.

게다가 스텔라 아르투아는 네덜란드의 경쟁사인 하이네켄의 작은 통에 비해 약 20% 더 큰 맥주 통을 활용했다.

스텔라가 벨기에의 버드와이저로 불린 이후, 패스트푸드점에서 플라스틱 컵에 담아 판매하는 것이 보편화되면서 인터브루는 용기를 얻어 새로운 마케팅 전략을 펼쳤다.

미국 시장에서 플라스틱 컵을 사용하지 않기로 한 것이다. 인터브루는 술집에 금테를 두른 독특한 유리잔을 제공했고, 스텔라 아르투아 음주 매너를 퍼뜨렸다. 맥주는 숟가락으로 거품을 깎듯 거둬낸 뒤 화씨 약 36~38°(섭씨 약 2~3°)의 온도로 손님에게 제공되었다(실제로 스텔라 아르투아 유리잔은 특별한 사은품이 아니었다. 벨기에에서는 모든 맥주가 자사에서 디자인한 브랜드 잔이 있으며, 스텔라 아르투아도 예외는 아니었다).

독특한 잔을 비주얼 해머로 삼은 뒤 스텔라 아르투아의 판매량은 늘어났다. 스텔라는 전국적으로 유통되었고 슈퍼마켓과 다른 소매점에서도 판매되었다.

오늘날 스텔라 아르투아는 5 대 수입 맥주가 되었고, 전용 잔이 그려진 스텔라의 캔 제품은 슈퍼마켓 매대에 여전히 놓여 있다.

스텔라의 사례에서 부족한 것은 강력한 언어적 못이다.

"완벽은 가치가 있다(Perfection has its price)"는 슬로건은 스텔라 브랜드의 현재 위치를 충분히 설명하지만, 기억하기에 약하며 독특함이 부족하다.

강력한 비주얼 해머는 있으나 언어적 못이 빈약한 스텔라 아르투아와 많은 여타의 브랜드에 잠재된 문제다.

비주얼 해머의 힘은 충격의 정도에 따라 다르기 때문에 시간이 지나면 신선했던 충격이 덜하게 되듯이, 비주얼 해머의 마케팅 효과도 점점 줄어든다.

언어적 못의 경우는 정반대다. 당신이 텔레비전 방송국에서 사용할 수 없는 일곱 개의 단어 중 하나를 사용하지 않는다면, 선택된 비주얼의 신선한 충격과 조화를 이루는 단어를 찾기는 어렵다.

프렌치 커넥션(French Connection)은 예외적인 경우다. 이 기업은 2001년 영국에서 의류 브랜드 'FCUK'으로 사업을 시작했다.

FCUK는 홍콩의 아웃렛이 영국 아웃렛으로 진출하면서 FCHK가 FCUK로 머리글자가 바뀐 것이다.

FCUK는 프렌치 커넥션 영국(French Connection United Kingdom)의 준말이지만 회사의 의도와 달리 부정적인 의미가 있는 비속어와 유사하다.

프렌치 커넥션은 미디어의 주목을 끌기 위해 'fcuk 패션(fckuk fashion)', 'fcuk 축구(fcuk football)', '해변의 fcuk(fcuk on the beach)' 같은 글자를 티셔츠에 넣어 배포했다.

비주얼 해머와 달리 언어적 못은 시간이 흐르면서 더 신뢰가 생긴다. 처음에 소비자는 BMW의 슬로건 "최고의 자동차"에 회의적이었다.

하지만 오랜 시간 반복되면 언어적 주장의 신뢰도는 높아진다.

슬로건 "저스트 두 잇(Just do it)"을 처음 들었을 때, 나이키와 무슨 상관이 있는지 의아했을 것이다.

그러나 "저스트 두 잇"은 나이키의 슬로건 이상의 의미가 되었다. 젊은 세대들의 구호가 되었다. 더 많은 사람들이 슬로건으로 정체성을 드러내면서 더욱 강력한 슬로건이 되었다.

마케터들은 언어적 못을 사전 조사를 하면서 중대한 실수를 한다. 소비자의 첫 번째 반응이 어떤지는 신경 쓰지 않는다.

슬로건을 50~100번 정도 들은 소비자의 반응을 봐야 한다.

그렇지만 어떤 반응을 보일지 미리 알 수 있겠는가? 알 수 없다. 그러나 좋은 반응을 얻기 위한 최고의 방법은 비주얼 해머를 언어적 못과 강력하게 연결시키는 것이라는 점만큼은 확실하다.

마케팅은 가구 만들기와 같다. 아무리 좋은 해머가 있어도 브랜드의 성공을 위해 지속적으로 못을 쳐야 한다.

스텔라 유리잔은 엄청난 해머이지만, 스텔라의 못 "완벽은 가치가 있다"와 연결이 부족하다.

물론 이 점을 안다면 이를 연결시킬 수 있다. 완벽을 위해 지불할 비싼 잔은 고가의 맥줏값과 같다.

하지만 효과를 보려면 생각할 여지없이 즉각적으로 연결되어야 한다. 스텔라 아르투아는 언어적 못으로 '유리잔'이나 이와 유사한 것을 사용할 필요가 있다.

스텔라 아르투아 유리잔과 에비앙(Evian)의 '알프스 산맥' 디자인의 차이점을 살펴보면, 산맥은 제품 라벨을 장식하는 멋진 비주얼 이상의 의미가 있다. 산맥은 비주얼 해머이며, "프랑스 알프스로부터 온 천연 생

수(Natural spring water from the French Alps)"는 언어적 못이다.

알프스 산맥이라는 해머와 프랑스 알프스라는 못의 조합은 에비앙을 가장 많이 팔리는 고가의 생수로 만들었다.

특이한 포장을 해머로 한 그롤쉬(Grolsch) 프리미엄 필스너의 '스윙톱' 스타일의 뚜껑은 고가와 전통 방식을 모두 보여주는 제품 중 하나다.

그롤쉬는 이 독특한 비주얼 해머 덕분에 세계에서 21번째로 큰 맥주 제조업체이자 네덜란드의 맥주 시장에서 하이네켄에 이어 두 번째로 잘 팔리는 맥주 회사가 되었다.

잭 다니엘(Jack Daniel)의 병처럼 그롤쉬 스윙톱 뚜껑은 진품성과 고풍스러운 품질을 의미한다. 그러나 스윙톱을 비주얼 해머로 한 것에 비해 그

롤쉬의 언어적 못은 턱없이 부족했다. 그롤쉬 맥주는 2007년 SAB 밀러(SABMiller)에 12억 달러에 인수되었다.

전통 맥주에 적용된 스윙톱 뚜껑은 반응이 나쁘지 않았다.

고풍스러운 포장 콘셉트는 증류주 업계에 많은 영향을 미쳤다.

대표적인 사례로 미국의 위스키 제조
업체 메이커스 마크(Maker's Mark)는 자
사의 제품인 버번 위스키에 흘러내리
는 빨간색 밀랍 봉인 디자인을 택했
다. 빨간 밀랍 봉인은 눈에 띄었을 뿐 아니라 메이커스 마크의 공식
적인 트레이드마크가 되었다.

흘러내리는 빨간 밀랍 봉인이 비주얼 해머라면 언어적 못은 무
엇일까?

장인이 만든 수제 버번이라는 의미를 전달하는 메이커스 마크라
는 이름이 언어적 못이다.

메이커스 마크는 30년 이상 두 자릿수의 성장을 이어왔고, 고급
버번 시장의 70%를 차지했다.

포장지를 비주얼 해머로 활용한 또 다른 사례는 우스터소스병을
종이에 담고 금색 테이프로 묶어 판매한 '리 앤드 페린스(Lee & Perrins)'
라는 브랜드다. 이 브랜드는 자사의 우스터소스 제품을 필두로 시장
의 97%를 점유했다.

또한 리 앤드 페린스 포장지에 적힌 '오리지널'이라는 단어는 언
어적 못이 되어 우스터소스 업계의 리더로서 입지를 공고히 했다.

이렇게 압도적인 시장 점유율 때문에 경쟁자는 없었다(우스터소스처
럼 PC OS 업계의 경우에도 수십 년 동안 윈도우가 시장의 90%를 점유했다).

석류 주스 브랜드 폼 원더풀(Pom Wonderful) 역시, 포장을 비주얼 해

머로 활용한 사례다. 다른 제품의 형태와 다르게 폼 원더풀 병은 확실히 독특하고 차별화된다.

　폼 원더풀 브랜드를 위한 가장 효과적인 옥외광고는 폼 병에 슈퍼 히어로의 망토를 입힌 것이었다.

　또한 이 브랜드의 언어적 못은 "산화 방지 슈퍼파워(The antioxidant super-power)"로, 평생을 지속할 수 있는 좋은 슬로건이다.

07

동영상

정적인 것보다 더 효과적이다

행위, 움직임, 감정 표현을 포함한 비주얼 해머는 정적인 비주얼 해머나 스틸 사진보다 더 효과적이다. '움직임(action)'을 가장 잘 보여 줄 수 있는 광고 매체는 텔레비전이다.

이것이 바로, 인쇄나 라디오 매체가 쇠퇴한 것에 비해 텔레비전이 여전히 인기를 끄는 이유다.

2014년 신문, 잡지, 라디오를 합친 것보다 더 많은 비용이 텔레비전 광고에 사용되었다.

도브 비누(Dove soap)는 4분의 1 보습 로션이다. 몇 년 전 욕조에 있는 여성의 사진과 함께 "목욕할 때, 도브가 피부에 크림을 바릅니다(Dove creams your skin while you wash)"라는 슬로건이 인쇄 광고에 실렸다.

그러나 도브를 시장의 리더로 이끌고 비누 시장의 24%를 차지하게 만든 것은 TV 광고였다.

어떤 비주얼이 소비자의 마음속에 도브 브랜드를 인식시킨 것일까?

그것은 바로 보습 로션을 도브 비누에 붓는 장면으로, 매우 단순하면서도 엄청나게 효과적인 비주얼 해머였다.

'4분의 1 보습(one-fourth moisturizing)'을 말로 표현하는 것과 실제 장면으로 증명하는 것은 차이가 없다. 말로 표현된 단어와 시각적 이미지는 같은 아이디어를 정확하게 전달한다. 차이는 충격의 정도와 기억 가능성이다.

사람들은 보통 하루에 4만 2000단어를 읽거나 듣는다. 이 단어들을 얼마나 기억할까? 거의 기억하지 못한다.

게다가 소비자는 라디오에서 방송된 내용이나 인쇄된 자료는 믿지 않는다.

반면 충격적 요소를 포함한 텔레비전의 시각적 표현은 기억될 뿐 아니라 믿게 된다.

비주얼적인 충격은 바닷물이 갈라지는 것처럼 극적일 필요는 없다.

텔레비전은 친근한 미디어다. 자니 카슨(Johnny Carson)은 눈썹을 치켜 올리면서 박장대소한다. 존 스튜어트(Jon Stewart)와 스티븐 콜베어(Stephen Colbert)도 마찬가지다.

텔레비전은 HD 화질로 개선되고 더욱 선명해져서 미묘한 변화도 잘 보여준다.

또한 텔레비전은 여러 요소를 조합함으로써 시각적인 충격을 줄 수 있다. 도브 비누에 보습 로션을 붓는 것은 시각적 긴장과 충격을 준다.

미니 쿠퍼는 놀라운 자동차인가? 전혀 그렇지 않다. 그저 작은 자동차일 뿐이다. 포드 익스커션(Ford Excursion)은 충격적인 차인가? 그렇지 않다. 그저 커다란 SUV 차량이다.

2002년 BMW가 미니 쿠퍼(Mini Cooper)를 미국 시장에 소개할 때, 미니 쿠퍼 한 대를 포드의 익스커션 위에 올리고 도로와 거리를 주행하며 "이번 주말엔 어떤 재미난 일을 할까?(What are you doing for fun this weekend?)"라는 메시지를 전달했다.

포드 익스커션 위에 놓인 미니 쿠퍼는 실제로 얼마나 '작은(mini)'지를 극적으로 보여줬다.

비주얼 조합의 또 다른 예가 트로피카나(Tropicana)의 '빨대 꽂은 오렌지(straw in the orange)'다. 오렌지나 빨대는 시각적으로는 놀랍지 않지만, 이 둘의 조합은 충격을 준다.

시청자는 광고에 등장한 사람이 오렌지에 빨대를 꽂아 마시는 모습을 TV를 통해 볼 수 있다. 오렌지에 빨대를 꽂아 주스를 마실 수 없지만, 상

상할 수는 있다. 실제로 비주얼은 사실 여부를 떠나 감성적 힘을 발휘한다.

시청자는 트로피카나가 원액이기 때문에 오렌지를 통째로 넣어 만든 주스라고 믿게 된다.

비주얼뿐만이 아니라 이 브랜드의 시장 점유율도 놀랍다. 트로피카나는 비록 고가이지만 시장의 약 30%를 차지한다.

최근 트로피카나는 포장에서 '빨대 꽂은 오렌지'라는 비주얼 해머를 포기하고, 언어적 접근에 집중했다.

그래서 빨대 없는 새로운 포장 디자인이 나왔다. 새 캠페인에는 '압착(squueze)'이라는 단어가 등장했다.

≪뉴욕 타임스(The New York Times)≫에 실린 트로피카나 북미 대표의 말에 따르면 "사람들이 매일 마시는 과일 주스 중 오렌지 주스의 기능적 이점을 알리고, 소비자와 트로피카나의 감성적 유대를 강화하기 위해 '압착'이라는 아이디어가 나왔다"고 한다.

트로피카나의 광고를 담당하는 회사 사장은 "압착(squueze)이란 제

품을 얻는 과정이고 포옹을 받는 과정"이라고 말했다(squeeze는 압착이라

는 뜻 외에 '포옹'이라는 뜻도 있다 — 옮긴이)

그리고 "모든 것이 끝났다고 생각하는 순간에 사랑이나 보살핌과 같은 감성을 전달하는 단순한 단어를 포함한 개념이다"라고 덧붙였다.

좌뇌의 언어적 사고는 오렌지에 꽂힌 빨대와 같이 비주얼의 내재된 감성적 힘 대신에 감정을 일으키는 단어의 논리적 힘에 초점을 맞춘다.

트로피카나는 '압착'을 시각적으로 보여주기 위해 어떤 비주얼을 사용할 수 있었을까? 소비자가 오렌지를 껴안을 것인가? 그렇지 않다.

알다시피 새로운 트로피카나 캠페인에 대한 소비자의 반응은 빨랐으며 잔인했다.

전에 없던 부정적 의견이 쏟아져 나왔고, 두 달 후 판매는 20%나 떨어졌다.

부정적 반응이 워낙 빠르고 극적이어서 트로피카나는 새로운 포장 콘셉트를 포기하고 '빨대를 꽂은 오렌지'로 회귀했다.

실제로 트로피카나는 두 개의 비주얼 해머로 돌아갔다. 빨대를 꽂은 오렌지, 선별된 16개의 오렌지가 트로피카나 안으로 들어갈 수 있도록

주스 팩을 여는 지퍼가 바로 그것이다.

두 개의 비주얼은 훌륭했지만 하나보다 나았는가? 아니다. 두 개의 비주얼 해머는 트로피카나 브랜드에 혼란만 가중시켰다. 두 개보다는 하나가 더 강력하다.

감성적으로 강력한 또 다른 비주얼 해머는 "손가락을 걷게 하세요(Let your fingers do the walking)"라는 언어적 못과 함께 제시된 옐로 페이지의 로고다.

옐로 페이지의 심벌인 걷는 손가락은 인쇄 광고에서 주로 사용되었지만, TV 광고에서 특히 효과가 있었다.

오늘날 소비자들이 온라인 검색을 위해 손가락을 더 많이 사용하게 되면서 구글이 옐로 페이지 광고 시장을 거의 잠식했다. 구글은 깨끗하고 하얀 페이지와 검색 박스로 브랜드를 구축했다. 화려하지 않으며 항상 같은 모습이었다.

그러나 일 년에 며칠, 독립기념일 같은 특별한 날에 맞춰 로고디자인을 바꾼다.

초기 이미지는 정적이었지만 최근에는 특별한 날들을 극적으로 표현하기 위해 이미지에 미세한 '움직임(action)'을 주고 있다.

언어를 중요하게 생각하는 회사 임원은 대부분 이 '움직임' 아이디어를 떠올리지 못했을 것이다.

그들은 그림이 아니라 언어로 생각한다. 이 둘을 호환할 수 있고 비주얼의 본질을 전달하기 위해 비주얼을 언어화할 필요가 있다고 생각한다. 하지만 이는 사실이 아니다.

비주얼은 감성을 담당하는 우뇌를 활성화한다. 언어적 표현은 이성을 담당하는 좌뇌를 활성화한다.

미국 제약 회사의 의약품 얼리브 (Aleve)는 "하루 종일 얼리브 2정과 타이 레놀 8정(2 Aleve versus 8 Tylenol Extra for all day relief)"이라는 훌륭한 해머와 "더 적

은 약을 복용할 수 있는데 왜 그렇게 하지 않습니까?(If you could take fewer pills, why wouldn't you?)"라는 못을 개발했지만, 주로 인쇄 매체에서만 활용했다.

텔레비전에서는 약의 효능을 강력한 비주얼 해머로 보여주는 대신에 사람들이 진통제의 효과에 대해 이야기하는 '일상의 단면(slice of life)'을 묘사한 광고를 사용했다.

2정의 얼리브를 8정의 타이레놀과 비교한 것은 그 차이를 효과적으로 보여주었다. 좀 더 구체적인 것이 더 좋다.

어쩌면 1960년대 말보로 텔레비전 광고만큼 비주얼 해머의 힘을 보여준 캠페인은 없었다. 카우보이, 말, 달리는 장면이 대부분이고 카피는 없었다.

율 브리너(Yul Brynner)와 스티브 매퀸(Steve McQueen)이 출연한 영화 〈황야의 7인(The Magnificent Seven)〉의 주제곡인 말보로 음악은 광고의 감성적 효과를 높여주었다.

음악은 종이 위의 글자처럼 멈추거나 잠들지 않는다. 음악은 청각적인 움직임이다. 항상 움직이며 어디론가 이동한다. 때로는 빠르게 때로는 느리게, 그러나 항상 움직인다.

종이 위의 악보와 음악은 차이가 있다.

1971년 텔레비전에서 담배 광고가 금지되자 말보로 광고는 막을 내렸다.

하지만 텔레비전 광고의 음악이 감성적 효과를 높인다는 것을 확인시켜준 말보로 캠페인은 연구할 가치가 있다.

08

창업자

타고난 해머

우리가 사는 오늘날은 유명인이 지배하는 사회다. 대중매체는 부유하고 유명한 사람들의 생활에 매료되어 있다. 심지어 평범한 사람도 주목받는 사건으로 유명인이 될 수 있다.

미국에서 가장 성공한 잡지는 시사 잡지나 스포츠지 또는 경제지가 아니라 유명 인사를 다루는 ≪피플(People)≫이며, 이 잡지는 다른 잡지보다 많은 광고를 싣는다.

이 매체를 비난하지 말자. 〈연예인 견습생(The Celebrity Apprentice)〉이나 〈4차원 가족 카디시안 따라잡기(Keeping up the Kardashians)〉 같은 텔레비전 프로그램을 시청하는 소비자들은 예능 잡지를 구입해 이를 믿거나 비난하며 유명인을 소비한다. 유명 기업인도 언론의 조명을 받는다.

심지어 비즈니스의 거물조차 언론의 조명을 받는다.

델의 마이클 델(Michael Dell), 스타벅스(Starbucks)의 하워드 슐츠(Howard Schultz), 버진(Virgin)의 리처드 브랜슨(Richard Branson), 오라클(Oracle)의 래리 엘리슨(Larry Ellison), 페이스북의 마크 주커버그(Mark Zuckerberg)처럼 자기 회사만큼 유명해진 CEO도 많다.

기업의 이름을 알리고 싶으면 고객과 자주 소통하고 CEO를 노출하면 된다.

회사의 설립자는 유명인 숭배로 이익을 얻는다. 유명인 숭배의 심리는 다음과 같이 두 가지다. 첫째, 기업을 경영하는 사람을 알고 싶어 한다. 둘째, 제품과 서비스가 설립자의 가치관을 따른다고 생각한다. 스티브 잡스처럼 이 두 가지를 갖췄을 때, PR 효과는 두 배가 된다.

설립자 숭배와 달리 유명인 숭배는 비교적 최근에 시작됐다. 포드는 100년도 더 전에 포드 자동차 회사(Ford Motor Company)를 설립한 헨리 포드(Henry Ford)의 서명을 여전히 트레이드마크로 사용한다.

최첨단 자동차 기술로 명성을 쌓는 것을 마케팅 목표로 삼는 현대의 기업 포드는 왜 설립자인 헨리 포드의 옛날 서명을 로고마크로 사용하는 것일까?

회사가 구식으로 보이지 않을까?

어쩌면 그럴지도 모른다. 하지만

옛날 방식의 서명은 또한 정통성을
보여준다. 다른 어떤 회사보다 포드
가 올바른 기업 활동을 해왔다는 것은 분명하다.

정통성은 특히 보이지 않는 제품을 판매하는 산업에서 중요하
다. 생명보험에 가입할 때 무엇을 얻을 수 있는가?

수천 달러를 지불하지만 종이로 된 계약서 외에는 받는 것이
없다.

보험회사의 정통성과 재무 안정성은 고객의 입장에서 중요하다.

이것이 1862년 보스턴 지역의 한 보험 회사의 설립자가 1776년
「독립선언문」에 서명한 56명 가운데 한 사람의 이름을 차용했던 이
유다.

현재 존 핸콕 파이낸셜 서비스(John Hancock Financial Service)는 비록 캐
나다 회사가 지분을 소유하고 있지만, 미국의 주요 보험회사다.

「독립선언문」서명자 56명 중 존 핸콕(John Hancock)이 가장 유명
하다.

거의 5인치(약 13cm – 옮긴이)에 달하

는 핸콕의 커다랗고 이색적인 사인은
다른 55명의 서명을 작아 보이게 했다.

「독립선언문」의 비주얼 해머라는

것이 상상이 되는가?

잭 다니엘은 미국에서 스미노프(Smirnoff), 바카디(Bacardi), 캡틴 모건(Captain Morgan)에 이어 네 번째로 많이 팔린 주류 브랜드다. 잭 다니엘의 성공에는 역사가 있다.

잭 다니엘은 미국 남북전쟁 직후인 1866년에 설립되어 처음으로 판매를 허가받은 양조 회사였다.

각 영역별로 다르지만, 주류는 오래될수록 오히려 좋다. 올드 그랜대드(Old Grand-Dad), 올드 크로(Old Crow), 올드 포레스터(Old Forester), 올드 잉글리시(Olde English) 같은 브랜드의 성공을 보라.

또한 뉴 코크(New Coke)의 실패를 보라. 음료 브랜드가 확립되자마자 변화를 주는 것은 혼란만 초래할 뿐이다.

모든 유형의 음료 분야에서 오래되었다는 것만으로는 충분하지 않다. 브랜드가 전혀 바뀌지 않았다는 개념을 심어줘야 한다.

잭 다니엘은 다양한 방법으로 이를 실천했다. 하지만 검은 상표 자체가 그와 같은 비주얼 해머다.

상표는 오래되어 보이며, 예스러운 외형은 "올드 타임, 올드 넘버 7 브랜드(Old Time, Old No. 7 brand)"라는 슬로건을 강조한다. 상표의 뒤에는 "7대에 걸쳐 만든 우리 선조들의 위스키(Whiskey made as our fathers made it for 7 generations)"라는 메시지가 적혀 있다.

또한 잭 다니엘은 옛 모습 그대로 오래된 양조장이 위치한 테네시주 린치버그 마을을 묘사했다.

한 광고에서는 "한 마을에서 만든 잭 다니엘을 135개 나라에서 즐겨 마신다"라고 했다.

잭 다니엘의 설립자와 검은 상표는 비주얼 해머이며, 비록 언어적 아이디어를 확실히 전달하지 못할지라도 "미국의 첫 번째 위스키(first American whiskey)"가 언어적 못이다.

전통적 외형과 평판을 만들려고 노력했으나 성공하지 못한 많은 주류 브랜드가 있다.

그러나 구식 상표나 에인선트 에이지(Ancient Age) 또는 올드 피츠제럴드 버번(Old Fitzgerald bourbon) 같은 구식 명칭으로는 충분하지 않다. 오래된 비주얼 해머가 필요하다.

잉링(Yuengling) 맥주와 잭 다니엘 위스키를 비교해보자. 펜실베이니아 포츠빌의 D. G. 잉링은 잭 다니엘보다 30년 이상 앞선 1829년에 설립되었다.

잭 다니엘이 가장 많이 팔린 위스키인 데 반해 잉링은 미국에서 판매순위 19위에 머무는 맥주 회사다. 잉링은 '젊은이(young man)'라는 뜻을 지닌  독일어의 영어식 표현으로 브랜드명으로는 부족함이 있다.

불행히도 전혀 독일어로 들리지 않는다. 영어 단어로서도 많은 의미나 좋은 소리를 함축하고 있지 않다.

언어적 못 "미국에서 가장 오래된 맥주 회사(America's oldest brewery)"
는 잠재력이 있지만, 브랜드는 그 잠재력을 보여줄 강력한 비주얼
해머가 필요했다.

2010년 동계 올림픽 하키 결승전을 놓고 친선 내기를 한 버락 오
바마 대통령은 내기에 지자 잉링 한 상자를 캐나다 수상 스티븐 하
퍼(Stephen Harper)에게 보냈다.

매출을 올리기 위해 잉링은 이런 유명인 모델과 PR이 필요하다.
그러나 잉링과 같은 명칭에 비주얼 해머가 없다면 효과를 보기 쉽지
않다.

잉링 맥주가 이름이 좋지 않았다면, 존 슈내터 피자(John Schnatter's
Pizza)는 어떠한가? 다행히 슈내터 씨는 다른 이름을 선택했다.

그는 체인점의 이름을 '파파존스(Papa John's)'로 하고 피자헛(Pizza
Hut) 및 도미노피자(Domino's Pizza)와 경쟁했다.

그 결과 미국 시장에서 파파존스는 두 주요 경쟁사보다 점포당
연간 수익이 더 높다.

그림은 2013년 파파존스의 점포
당 수익을 도미노피자, 피자헛과 비
교한 것이다.

Papa John's $788,000
Pizza Hut $771,000
Domino's $731,000

파파존스는 "더 좋은 재료, 더 맛
있는 피자(Better ingredients, Better pizza)"라는 언어적 못을 수십 년간 사용

해 기업의 가치를 높였다.

그러나 텔레비전 광고의 비주얼 해머가 파파존스가 성공한 진짜 비결이다.

파파 존이라는 이름에서 백발에 팔자수염이 있는 나이 많은 이탈리아 할아버지를 떠올렸을 것이다.

자사 브랜드에 굉장한 열의를 보이며, 대학생처럼 깨끗이 면도를 한 존 슈내터를 광고에서 볼 줄은 몰랐을 것이다.

파파 존이 비주얼 해머다. "더 좋은 재료, 더 맛있는 피자"라는 언어적 못에 담긴 비주얼 해머는 시각적 충격을 불러일으켰다.

누군가 말했듯이 좋은 그림은 완벽하게 나란히 서 있는 웨스트포인트 사관생도의 도열과 같다. 위대한 그림은 도열한 가운데 한 생도의 어깨에 비둘기가 앉은 모습이다. 비둘기는 시각적으로 충격을 주는 해머다.

현재 가장 충격적인 해머는 KFC인 켄터키 프라이드치킨의 설립자인 할랜드 샌더스(Harland Sanders)다.

커널 샌더스로 알려진 그는 하얀 양복과 검은색 스트링 타이를 매고 미국 전 지역을 돌아다니며 11가지 허브와 양념으로 만든 그만의 비밀 레시피를 판촉했다. "손가락을 핥아먹을 정도로 맛있다(Finger lickin' good)"라는 언어적 못과 커널 샌더스라는 비주얼 해머를 조합해 KFC는 미국에서 가장 큰 치킨 체인이 되었다[할랜드 샌더스는 실제 켄터키 출신으로 가장 잘 알려진 인물이다. 엘비스 프레슬리(Elvis Presley), 빌 클린턴(Bill Clinton), 베티 화이트(Betty White), 타이거 우즈도 켄터키 출신이다].

수년 동안 KFC는 자사의 마케팅과 제품 공급에 어려움을 겪었다. '기름에 튀긴(Fried)' 치킨은 건강에 좋지 않다는 여론이 퍼지면서 머리글자만 사용한 KFC로 바꿨다.

그러나 IBM, AT&T, GE처럼 매우 잘 알려진 회사가 아니면서 브랜드명을 머리글자로 바꾸는 것은 기업이 하는 흔한 실수다.

물론 KFC는 이미 브랜드의 닉네임으로 잘 알려져 있었지만, 켄터키 프라이드치킨을 짧게 줄여 머릿속에 넣어주기는 힘들었다.

KFC는 여러 편의 광고 캠페인을 전개했으나 거의 성공하지 못했다.

오른쪽 슬로건의 문제점은 무엇인가? 비주얼을 제시하지 않았다는 것이다.

2009:
Taste the unfried side of KFC.
2010:
So good.
2013:
I ate the bones.
2014:
How do you do KFC?

비주얼 없는 마케팅 캠페인은 시작부터 실패한 것이나 다름없다(건물 외벽에 커널 샌더스의 사진이 있었지만, KFC 마케팅의 비주얼 해머로 역할을 하지 못했다).

KFC의 최근 슬로건 "안녕하세요? KFC(How do you do KFC?)"는 아무

런 내용도 없는 무의미한 슬로건이다.

"좋아요(So good)"라는 슬로건은 단 한 가지 사실을 제외하면, 효과가 아주 미미한 마케팅 슬로건일지 모른다. 아주 많은 브랜드가 이와 유사한 슬로건을 사용해왔다는 사실 말이다.

캠벨 수프 Campbell's soup	음 …… 음 끝내주네 M'm …… M'm good
맥스웰 하우스 Maxwell House	마지막 한 방울까지 좋은 커피 Good to the last drop
델타 Delta	편안한 비행 Good goes around
GE	우리는 삶에 좋은 것을 선사한다 We bring good things to life

비주얼 해머와 언어적 못은 독특할 뿐 아니라 차별화되어야 한다. 'Good'은 진부한 단어다.

물론 캠벨 수프나 KFC의 슬로건 "손가락을 핥아먹을 정도로 맛있다"처럼 'Good'의 개념을 선점한 브랜드의 경우는 예외다.

그럼 길을 잃은 브랜드를 어떻게 바른길로 인도할 수 있을까? 최고의 방법은 원래 자리로 돌아가는 것이다. 브랜드를 성공시킨 출발점으로 가서 브랜드를 되찾을 수 있게 역사를 거슬러 올라가라.

KFC 브랜드의 비주얼은 소비자가 대부분 알고 있는 흰색 양복과 흰색 염소수염의 커널 샌더스다.

이 책 전반에서 강조하는 것처럼 최고의 브랜드들은 각각의 요소를 서로 '짜 맞춘(locked)' 것이다.

그러나 이런 원리는 브랜드명에 도 적용된다.

자동차로 KFC를 지나가면 당신은 무엇을 볼 수 있는가? 커널 샌더스의 사진을 보게 된다.

그렇다면 당신은 왜 이 체인점을 '커널 샌더스' 치킨이라고 부르지 않는가? 이것은 브랜드명을 비주얼 해머로 짜 맞춘 경우다. 왜 KFC는 원래의 슬로건 "손가락을 핥아먹을 정도로 맛있다. …… 11가지 허브와 양념으로 맛을 내서(Finger-lickin' good …… with 11 herbs and spices)"를 되찾아오지 않는가? 나라면 그렇게 했을 것이다.

이미 고인이 된 설립자 커널 샌더스를 비주얼 해머로 사용해 얻을 수 있는 장점은 그가 스캔들을 내거나 브랜드에 피해를 주지 않는다는 점이다. 생존해 있는 설립자의 경우는 그렇지 않다.

마사 스튜어트(Martha Stewart)는 내부 거래와 관련한 공무 집행 방해, 허위 진술 모의 혐의로 5개월간 복역했다.

부정적인 여론이 마사 스튜어트 브랜드에 타격을 주었을까? 물론 짧은 기간 영향을 끼쳤지만, 브랜드를 사라지게 할 만큼은 아니었다.

재판이 시작된 2004년 이전보다 지금의 브랜드 상황이 더 나쁘지는 않다.

브랜드가 건강하다는 말을 하려
는 것이 아니다. 지난 10년간 마사 스
튜어트 리빙 옴니미디어(Martha Stewart
Living Omnimedia)는 가까스로 23억 달러
수익에 2억 100만 달러의 손실을 보았다.

왜 마사 스튜어트가 미국에서 가장 유명한 여성 중 한 명이 되었
을 때, 회사는 어려움에 빠지게 되었는가? 이것이 바로 마케팅의 역
설이다.

얼마나 '잘 알려졌느냐(well known)'가 아니라 '무엇(what)'이 잘 알려
졌느냐가 문제다.

커널 샌더스는 치킨으로, 파파존스는 피자로, 잭 다니엘은 위스
키로, 존 핸콕은 보험으로 이름을 알렸다. 반면 마사 스튜어트는 무
엇으로 유명한가?

마사 스튜어트 리빙 옴니미디어의 '옴니(Omni)'는 브랜드의 약점을
분명히 보여준다.

마사 스튜어트는 잡지, 책, 텔레비전, 라디오, 주방 용품인 주전
자와 팬, 수건, 종이, 그림 등등 다양한 방면에 이름이 알려져 있지
만, 그것은 아무것도 아니다.

마사 스튜어트처럼 브랜드명을 모든 곳에 사용하면 결국 아무것
도 제대로 알리지 못한다.

잡지 ≪플레이보이(Playboy)≫의 설
립자 휴 헤프너(Hugh Hefner)의 경우는
1953년 12월 ≪플레이보이≫를 처음
발행하자마자 큰 성공을 거두었다.

수년간 ≪플레이보이≫는 미국 남성지 중에서 가장 많이 판매되
었다.

그러나 마사 스튜어트처럼 휴 헤프너는 제품군 확장에 대한 유
혹을 참지 못했다.

플레이보이 클럽, 플레이보이 케이블 채널, 플레이보이 텔레비
전 쇼, 플레이보이 호텔, 플레이보이 책, 플레이보이 비디오 그리고
콘돔과 티셔츠 생산을 포함한 수백 개 라이선스 제품에 이르기까지
수년간 다양하게 확장을 해왔다.

플레이보이의 제품 종류는 많아졌지만 플레이보이의 이익은 줄
어들었다.

2001년부터 2010년까지 10년 동안 플레이보이 엔터프라이즈는
30억 달러의 수익에 2억 9300만 달러의 손해를 보았다.

1971년 플레이보이는 주당 23달러 50센트에 상장되었지만,
2011년 휴 헤프너가 이끌던 그룹은 주당 6달러 15센트에 주식을 사
들여 비공개 회사로 전환했다(40년 만에 투자는 손실로 끝났다).

40여 년 동안 휴 헤프너는 회사가 잘되고 있다고 언론과 사람들
을 속여왔다.

홍보가 잘된다고 해서 재정적으로 탄탄하다는 의미는 아니다.

전 세계적으로 수백 개 회사를 확장해온 대형 브랜드 버진(Virgin)의 창업자 리처드 브랜슨(Richard Branson)의 사례를 살펴보자.

리처드 브랜슨만큼 호의적인 언론 보도를 많이 받은 사람도 없었다. 그러나 PR의 성공이 즉시 돈을 만드는 마법의 지팡이는 아니다. 소문에  의하면 수백 개에 이르는 버진의 계열사가 시장에서 많은 손실을 보고 있다고 한다.

또한 버진 계열사 대부분은 상장을 하지 않은 개인 회사였으므로, 성공 여부를 말하기는 어렵다.

유일하게 매출과 이익이 보고된 버진의 주력 기업 한 곳을 추적할 수 있었다.

이 회사는 항공사인 버진 오스트레일리아 홀딩스(Virgin Australia Holdings)로, 지난 10년간 268억 달러의 수익에 1190만 달러의 손해를 보았다.

리처드 브랜슨은 강력한 해머이지만, 마사 스튜어트와 휴 헤프너처럼 브랜슨의 PR 기술은 너무 많은 언어적 못을 홍보하는 데 활용되었다.

계속해서 버진 항공사를 살펴보자. 버진 항공사는 영국, 오스트레일리아, 미국 세 나라에 각각 항공사가 있다. 이 세 항공사는 전혀 이익을 내지 못했다.

미국의 항공사 사우스웨스트(Southwest)와 적자를 보는 버진 오스트레일리아를 비교해보면, 지난 10년간 사우스웨스트 항공은 1170억 달러의 매출에 41억 달러의 이익을 보아 3.5%의 영업이익을 냈다.

반면 버진의 다른 어떤 계열사도 성장하지 못한 것으로 보인다. 당신은 버진 콜라, 버진 보드카, 버진 에너지 숏을 주문하거나 버진 와인병을 따는 사람을 언제 마지막으로 보았는가?

그러나 브랜슨은 여전히 마케팅 커뮤니티에 상당한 영향력을 끼친다. "버진도 하는데 우리는 왜 못하는가?"

이는 전 세계 수많은 마케팅 담당자들의 생각이다. 하지만 버진의 제품군 확장의 실제 결과를 확인한 마케팅 담당자는 거의 없다. 만약 그들이 버진을 따라 했다면, 모방할 대상이 아님을 깨달았을 것이다.

그렇다면 리처드 브랜슨으로 더 이상 PR을 할 수 없을 때 무엇을 할지 궁금하다.

많은 비주얼 해머는 다음 세대까지 살아남지 못한다. 퍼듀 치킨(Perdue chicken)의 성공 이면에 있는 프랭크 퍼듀(Frank Perdue)라는 사람에 대해 알아보자.

1953년 프랭크 퍼듀는 연간 약 500만 달러의 닭을 판매하는 양계 회사 퍼듀 팜스(Perdu Farms)의 대표이사가 되었다.

1970년 퍼듀 팜스는 날카로운 용모의 대표이사가 등장하는 첫 번째 텔레비전 캠페인을 선보였다.

1988년에 퍼듀는 폭발적으로 판매되어 9억 7500만 달러의 매출을 올렸으며, 지금은 매출이 32억 달러에 이르렀다.

퍼듀 팜스가 살아남아 번영하는 동안 이 브랜드의 강인한 남자라는 비주얼 해머와 "연한 닭(tender-chicken)"이라는 못은 전혀 성장하지 못했다.

1994년 프랭크의 아들인 제임스(James Perdue)가 이 브랜드의 대변인 역할을 이어받았는데 그는 아버지처럼 거친 성격이 아니었다.

또한 그가 말한 "닭에 대한 건강한 집착(A healthy obsession with chicken)"이 "강인한 남자가 연한 닭을 만든다(It takes a tough man to make a tender chicken)"를 기억하게 하는 것도 아니다.

개인적 해머가 다음 세대 또는 3대에 걸쳐 살아남을 수 있을까? 정치 분야에서는 가능하다.

힐러리 클린턴(Hillary Clinton), 젭 부시(Jeb Bush), 랜드 폴(Rand Paul), 앨 고어(Al Gore), 앤드루 쿠오모(Andrew Cuomo)와 유명 정치인들의 아들, 딸, 아내, 남편의 정치적 성공을 보라. 기업에서도 이와 같이 할 수 있다.

그러나 퍼듀의 경우 지나치게 해머를 강조한 반면, 언어적 못은 부족했다.

'연한' 닭은 거의 모든 업체에서 쓸 수 있는 일반적인 단어다. 퍼듀 브랜드의 성공에 커다란 역할을 한 것은 시각적 차별화였다.

퍼듀 팜스는 닭의 껍질 색을 노랗게 하기 위해 천수국(1년생 초본으로 종자로 번식하고 멕시코가 원산지인 관상식물 - 옮긴이) 잎을 먹였다. '연한' 닭 대신에 언어적 못으로 '황금' 치킨을 활용하는 것이 더 나았을 것이다.

선택을 할 때는 언어적으로 더 나은 것보다 시각적으로 차별화되는 문구를 택하는 것이 좋다.

비주얼은 단어보다 강력하다.

영원히 사는 사람은 없지만. 설립자를 해머로 하면 오래도록 사람들의 머릿속에 살아남는다. 그럼 브랜드는 어떻게 살아 있는 설립자를 고인이 된 역사적 인물로 변화시키는가?

한 가지 효과적인 방법은 사진보다는 설립자를 그린 만화 형식을 활용하는 것이다. 만화는 TV에서는 효과가 없지만 옥외광고 인터넷, 인쇄매체에서는 효과적이다.

또 다른 유용한 방법은 커널 샌더스가 하얀 셔츠에 검은 스트링 타이를 매었던 것처럼 옷을 차별화하거나 잭 다니엘처럼 수염을 다르게 기르는 것이다.

죽은 설립자를 비주얼 해머로 선택한 팝콘 브랜드 오빌 레덴바커 (Orville Redenbacher)의 경우 텔레비전에서 만화로 표현되었을 때는 어색했으나, 인쇄와 인터넷, 포장에서는 효과가 있었다. 검은 안경과 보

타이를 한 오빌 레덴바커는 비주얼 해

머로 여전히 살아 효과를 발휘한다.

이 브랜드의 언어적 못은 비싼 가

격이었다. 처음에 "고급 팝콘(Gourmet

popping corn)"이라고 쓴 글씨를 브랜드명보다 크게 쓰자 "세계에서 가

장 비싼 팝콘"이라는 불평이 이어졌다.

오늘날 오빌 레덴바커 팝콘은 '고급(gourmet)'에 집중하지만 '고급'

만을 강조하지 않고 시각적으로 차별화했다. 커다란 옥수수 알갱이

를 사용하기 때문에 오빌 레덴바커의 팝콘은 더 크고 더 폭신하다는

것을 시각적으로 보여준다.

고가 전략의 이점이 있는데도 많은 기업은 이 간단한 전략을 간

과한다.

이런 고가 전략은 하겐다즈(Häagen-Dazs), 롤렉스, 에비앙, 스타벅스,

그레이 구스(Grey Goose) 같은 브랜드를 구축할 수 있는 아이디어다.

그러나 가격이 높은 것만으로는 부족하다. 브랜드가 고가로 인

식된 영역에서 첫 번째 브랜드가 되어야 한다.

마케팅 용어로 말하자면 오빌 레덴바커의 팝콘은 고가의 팝콘

영역을 '선점'했다.

그저 단순히 고가 전략을 답습하는 브랜드는 '특정한' 고급 팝콘

이 될 수 없다.

또 다른 설립자는 식음료 제품을 만드는 뉴먼스 오운(Newman's

Own)의 창립자 폴 뉴먼(Paul Newman)으로, 그는 2008년 작고했지만 여전히 관심을 끈다. 1982년 이래로 뉴먼스 오운은 4억 달러 이상을 기부해왔다.

뉴먼의 흔들림 없는 푸른 눈과 명랑하며 매력적인 표정이 그를 효과적인 비주얼로 만들었다.

오늘날 기업의 임원들은 뉴먼처럼 유머 감각이 뛰어나지 못하다. 뉴먼스 오운 웹 사이트에는 "공익을 추구하는 파렴치한 착취(Shameless exploitation in pursuit of a common good)"라고 적혀 있다(제품 판매를 통해 벌어들인 수익금 중 상당 금액을 기부하기 때문에 공익을 위해서도 자신들의 제품을 구매할 필요가 있다는 것을 표현한 것이다 ― 옮긴이)

오늘날 미국 기업의 복도에서 누구도 이런 방식으로 이야기하지 않는다.

09

상징

보이지 않는 것의 시각화

언어적 은유는 "미국은 용광로다(America is a melting pot)"의 경우처럼 단어를 사용해 사물의 상태나 움직임을 암시적으로 나타내는 수사법이다.

시각적 은유는 눈으로 볼 수 없는 제품에 생명을 불어넣는 상징이다. 예를 들어 '보험'과 같은 단어는 시각화하기 어렵다.

이것이 보험회사에서 시각적 은유나 상징을 많이 사용하는 이유다. 상징은 강력한 비주얼 해머가 될 수 있다.

미국의 보험업체 트래블러스(Travelers)는 자사의 보험 상품이 제공하는 보장을 상징화하기 위해 빨간 우산을 사용한다. 최근의 언어적 못은 "우산 아래가 더 좋습니다(It's better under the umbrella)"였다.

빨간 우산의 역사는 비주얼의 지
속적인 힘을 잘 보여준다. 1998년 초
대형 은행 시티코프(Citicorp)는 금융 슈
퍼마켓을 만들기 위해 트래블러스 그

룹(Travelers Group)과 합병했는데 이는 잘못된 판단이었다.

합병 회사의 이름을 '시티그룹(Citigroup)'으로 하고, 그룹의 콘셉트
'금융 슈퍼마켓(financial supermarket)'을 상징적으로 나타내기 위해 빨간
우산을 사용했다.

기업의 합병은 역사적으로 결과
가 좋지 못한 경우가 많았는데, 시티

그룹도 예외는 아니었다. 합병 4년
후, 시티그룹은 트래블러스를 그룹에서 분리해 상장했으나 가치 있
는 빨간 우산은 시티그룹 로고로 계속 사용되었다.

2년 후 우산을 뺀 트래블러스는 세인트 폴 컴퍼니스(The St. Paul
Companies)에 160억 달러에 매각되었고, 회사의 이름을 세인트 폴 트
래블러스 컴퍼니스(The St. Paul Travelers Companies)로 바꾸었다.

은행의 입장에서 생각해보자. 시티그룹은 자사 은행 부문의 상
징으로 수년간 빨간 우산을 사용해왔다. 그러나 사람들은 여전히 우
산이 '보험'을 의미한다고 생각한다.

시티그룹은 빨간 우산을 사용한 지 9년이 지난 후, 더 이상의 사
용을 포기하고 세인트 폴 트래블러스 컴퍼니스에 빨간 우산 심벌을

넘겼다. 이후 세인트 폴 트래블러스 컴퍼니스는 회사 이름을 트래블러스 컴퍼니(The Travelers Companies)로 바꾸었다.

트래블러스 컴퍼니의 CEO 제이 피시맨(Jay Fishman)은 그 당시에 "빨간 우산을 트래블러스의 이름으로 인식한 것은 꽤나 놀랄 만한 일이었다"라고 말했다.

비주얼이 언어와 대립할 때, 언제나 비주얼이 이긴다. 미인의 사진에 '추녀(ugly woman)'라고 자막을 넣을지라도 사진을 본 사람은 미인을 못생겼다고 생각하지 않는다. 누군가가 사진에 글씨를 잘못 썼을 것이라고 생각한다.

사진이 잘못된 것이 아니라 자막의 문제라고 본다. 비주얼은 언제나 언어를 지배한다. 반대인 경우는 존재하지 않는다.

빨간 우산을 떼어버린 후, 시티그룹과 그룹의 계열사인 시티은행(Citibank), 시티파이낸셜(CitiFinancial), 시티모기지(CitiMortgage)의 매출은 떨어졌다.

그래서 시티그룹은 빨간 '후광(halo)'을 만들어 빨간 우산을 상징적으로 대체한 것으로 생각된다. 하지만 시티뱅크의 빨간 후광은 트래블러스의 빨간 우산만큼 효력을 발휘하지 못했다.

빨간 후광보다 더 효과적인 '빨간' 상징은 윈도우의 주요 경쟁 상

대이자 오픈소스 컴퓨터 운영 체제인
리눅스 시장을 지배하는 소프트웨어
기업 레드햇(Red Hat)이 사용한 것이다.

레드햇은 자사가 개발한 리눅스
를 무료로 배포하지만, 기술 지원, 훈련, 통합 서비스 등을 통해 수
익을 올린다.

2013년 레드햇은 15억 달러의 매출에 11.6%의 수익을 거두었다
(언어화될 수 있는 비주얼은 언어적 설명이 없는 '빨간 후광'처럼 추상화된 디자인보다 강력하다).

판매 실적이 높은 사람들 대부분은 상냥하고 유쾌하고 친절하
다. 그러나 프로그레시브 보험(Progressive Insurance) 브랜드의 비주얼 해
머이며 대변인인 플로(Flo)는 이와 다르다.

'짜증(irritating)'은 그녀에게 할 수 있
는 가장 온화한 말이다.

한 소비자는 "플로가 머리를 단정
하게 하고 새로운 스타일로 나왔으면

합니다. …… 빨간 립스틱 색깔도 밝게 바꾸고"라고 말했다.

소비자의 바람대로 하면 플로가 좀 더 좋게 보이긴 하겠지만, 기
억에 남지 않는다. 브랜드 심벌이 기억되지 않으면 메시지 역시 사
라져버린다.

프로그레시브의 언어적 못인 "할인(Discounts)" 역시 기억에 남았다.
2008년 플로가 TV 광고에 등장하기 전까지 특히 효과적이었다.

프로그레시브는 두 개의 대형 보험사 게이코(Geico)와 스테이트 팜(State Farm)보다 광고하는 데 더 적은 돈을 썼다.

2013년 프로그레시브는 5억 8700만 달러의 광고비를 사용해, 스테이트 팜의 6억 2400만 달러, 게이코의 10억 1400만 달러보다 적었다.

게이코의 10억 달러대의 광고비는 성과를 거두었다. 많은 예산과 비주얼 해머인 파충류 마스코트 게코(gecko)는 기억에 남을 만한 마케팅 프로그램을 만들었다.

게이코의 언어적 못은 "15분이면 자동차 보험을 15% 또는 그 이상을 절약할 수 있다(15 minutes could save you 15 percent or more on car insurance)"로, 반복 덕분에 기억이 잘 되었다(다른 주요 보험사들보다 방대한 게이코의 광고 예산도 게이코의 성공에 어느 정도 일조했다).

게이코는 또한 네안데르탈인 같은 혈거인(穴居人)을 현대 생활에 등장시켜 브랜드를 알렸다.

"너무 쉬워서 혈거인도 할 수 있습니다(So easy, a caveman could do it)"라는 언어적 못은 기억에 남았지만, 동기를 유발하지는 못했다.

동기 유발이 가능했던 것은 자동차 보험 절약법을 전혀 모르는 혈거인이 놓치고 있는 15% 절약이었다.

언어적 못이 약하다면 그것은 마케팅 담당자가 언어적 못이 우선이고 그다음이 비주얼 해머라는 마케팅의 기본 원칙을 위반하고 비주얼 해머를 먼저 정했다는 증거다.

혈거인은 재미있는 광고였지만 동기를 유발할 만큼 강력한 언어적 연결이 부족했다. 그런데도 차별화되긴 했었다. 오래가지는 못했지만, 게이코의 혈거인은 그들만의 TV쇼를 진행하기도 했다.

게이코와 프로그레시브는 보험업계를 흔들어놓았다. 이에 따라 올스테이트(Allstate)는 새로운 대안을 세워야 했다.

2010년 올스테이트는 영화배우 딘 윈터스(Dean Winters)가 보험이 필요한 아찔한 상황을 연기한 '메이헴(mayhem: 아수라장)'을 비주얼 해머로 소개했다.

그러나 브랜드의 언어적 못은 엉망이었다.

한 광고에서는 "돈을 절약할 수 있고 나처럼 메이헴으로부터 보호받을 수 있다(You can save money and be better protected from Mayhem like me)", 다른 광고에서는 "메이헴은 어디에나 있습니다. 당신은 보호받고 있습니까?(Mayhem is everywhere. Are you in good hands?)"라고 말했다.

요약하면 올스테이트는 메이헴과 굿핸즈라는 비주얼 해머 두 개와 언어적 못 두 개가 있다.

혼란을 초래하는 것은 결코 좋은 아이디어가 아니다. 특히 올스

테이트라는 브랜드명은 주요 경쟁사
인 스테이트 팜(State Farm)과 헷갈린다.

스테이트 팜에는 기억에 남는 언
어적 못 "좋은 이웃 같은, 스테이트
팜이 있습니다(Like a good neighbor, State Farm is there)"가 있지만, 시각적으
로는 부족했다.

스테이트 팜의 '세 개의 링(three rings)'
로고타이프는 발렌타인 에일(Ballantine
Ale) 같은 많은 브랜드들이 과거에 사
용해온 판에 박힌 표현이었다.

텔레비전에서 스테이트 팜은 언어적 못을 "마법 징글(magic jingle)"로
바꾸었다. 좋은 이웃 스테이트 팜의 시엠송을 부르고, 손가락으로 가
리키면 당신의 바람이 이루어진다.

스테이트 팜 TV 광고는 좋은 광고를 만드는 표현, 동작, 몸짓 등
모든 요소를 갖추고 있지만, 비주얼 해머 한 가지가 부족했다.

이 하나가 없다는 것은 보험처럼 가시적이지 않은 상품의 경우
에는 장기적으로 엄청난 실수다.

보험 분야에서 가장 오래된 비주
얼 해머는 1890년대부터 푸르덴셜
(Prudential)이 사용해온 '지브롤터 암벽
(Rock of Gibraltar)'일 것이다.

회사의 수신자 부담 전화 번호(1-800-THE-ROCK: 미국은 전화번호에 알파벳을 사용할 수 있다 – 옮긴이)는 지브롤터 암벽이라는 비주얼 해머와 "바위 조각을 얻어라(Get a piece of the rock)", "지브롤터의 힘(Strength of Gibraltar)"이라는 언어적 못을 연결시켰다.

그러나 세월은 바위를 약하게 만들었다. 과거 인쇄 광고 전성기에는 좋은 심벌이었지만 지금은 아니다.

오늘날 보험 광고는 텔레비전이 지배한다. 보험 산업은 텔레비전 광고비로 매년 수십억 달러를 쓴다.

텔레비전에서 움직임이 없는 비주얼 해머는 심각한 문제다. 이는 푸르덴셜이 언어적으로 암벽을 비유하는 것에서 벗어난 이유이기도 하다.

"자산을 키우고 보호합니다(Growing and protecting your wealth)"가 최근 푸르덴셜의 슬로건이다. 조만간 푸르덴셜은 새로운 해머를 필요로 할 것이다.

다른 한편 퍼시픽 라이프(Pacific Life)는 텔레비전에 매우 적합한 해머가 있다. 혹등고래는 성과, 든든함, 보호와 같은 품질을 상징했다.

혹등고래는 해양 동물의 보호와 보전에 헌신하는 비영리 단체 퍼시픽 라이프 재단의 결과물이다.

실제로 재단은 초기 텔레비전 광고에 고래를 사용했다.

25년이 넘는 기간 동안 스누피 (Snoopy)와 〈피너츠(Peanuts)〉의 다른 캐릭터는 메트라이프(MetLife) 브랜드 의 비주얼 해머로 활약했다.

최근에 메트라이프는 비행기와 비행선을 이용해 자사 광고에 활력을 불어넣었다.

스누피는 기억에 남는 해머인 반면 언어적 못은 약하다. 언어적 못으로 "메트라이프를 만나면 도움이 됩니다(Get Met. It pays)"와 "오늘 메트라이프와 함께하셨습니까?(Have you met life today?)", "인생의 만약을 보장합니다(Guarantees the 'if' in life)"가 있었다.

메트라이프 프로그램과 오늘날 대부분의 마케팅 프로그램에서 놓치고 있는 것은 비주얼 해머와 언어적 못의 결합이다.

카피라이터는 못을, 아트 디렉터는 해머를 선택할 뿐, 둘은 서로 연결되지 않는다.

보험처럼 의약품 판매를 위한 마케팅에도 많은 시간과 돈이 필요하다. 그러나 약품은 가시적이지만, 비주얼 해머가 대개 가시적이지 않다.

가시적이라고 해도 적절한 해머가 아니다.

발기부전 약품의 경우, 선도 브랜드인 비아그라(Viagra)는 파란색 약으로 색깔을 선점하는 현명한 결정을 했다. 여러 경쟁사는 비아그라와 차별화하기 위해 노력해야 했다.

현재 발기부전 약 시장에서 2위에 근접한 시알리스(Cialis)의 욕조 두 개는 유별난 시각적인 상징 중 하나다.

시알리스 브랜드는 조만간 시장의 리더로 올라설 것으로 기대된다.

시알리스의 약진이 놀라운 것은 비아그라와 레비트라(Levitra) 이후에 세 번째로 등장한 약품이기 때문이다[마치 세 번째 콜라 브랜드 로열 크라운(Royal Crown)이 갑자기 콜라 시장의 리더가 되는 것처럼].

왜 두 개의 욕조인가? 기업의 관점에서 보면 발기부전 약으로 소비자가 본 효과를 보여줄 방법이 없다.

그러나 욕조 두 개는 욕조 안의 두 사람의 벗은 몸을 직접 보여주지 않으면서도 상상하게 하며, 심지어 멀리 이국적인 광경이 펼쳐진다. 또한 "36시간 지속되는 약(the 36-hour drug)"이라는 언어적 못은 다른 경쟁 브랜드와 시알리스를 차별화했다.

베이킹소다는 가정에서 다양하게 사용되는 제품으로 암 앤드 해머(Arm & Hammer)가 1위 브랜드다.

이 브랜드의 비주얼 해머는 1860년대부터 사용해온 해머를 든 팔 모양의 로고다.

베이킹소다처럼 저렴한 제품의 경우 브랜드명과 결합한 강력한 비주얼 해머는 경쟁 상대가 거의 없는 무적의 브랜드가 된다. 소금을 예로 들면 모턴(Morton)의 식탁용 소금 은 수십 년간 선도 브랜드의 자리를 지켜왔다. 모턴의 비주얼 해머는 우 산을 쓰고 비 오는 길을 걸으면서 뒤 로 소금을 흩뿌리는 어린 소녀다. 언 어적 못은 "비가 와도 뿌려져요(When it

rains, it pours)"이다(당시에는 비가 오면 습기 때문에 소금이 굳어 사용하기가 쉽지 않았다 ─ 옮 긴이).

한 소식통에 따르면 수년간 수정되어온 모턴의 소금 소녀는 가 장 유명한 10개 심벌 중 하나라고 한다.

모턴 소금의 언어적 못 "비가 와도 뿌려져요"는 브랜드의 이점일 뿐 아니라 기억에 남는 이중적 의미의 어구다.

자동차 렌탈 회사들은 일부러 눈에 띄지 않는 서비스를 제공한 다. 누가 허츠(Hertz) 로고가 눈에 잘 띄는 차를 빌리고 싶겠는가?

그 대신 럭비공 모양의 머리로 계 기판을 표현한 인형 호라시오(Horatio)라 는 마스코트를 보여주어 가시성을 높 였다.

유감스럽게도 "우리는 공항에 있는 이웃입니다(We're at the airport and in your neighborhood)"라는 언어적 못은 이제껏 나온 가장 평범한 슬로건 중 하나다.

호라시오는 기억에 남을 만큼 특별하지 않고, 자동차 임대와 전혀 연결되지 않는다 [허츠는 그 이름을 미국을 자동차로 처음 횡단한 호라시오 잭슨(Horatio Jackson)의 이름에서 따왔다].

심벌은 비주얼 해머로 사용되든 그렇지 않든, 오늘날 사회에서 중요한 역할을 한다. 제품, 웹 사이트, 옷, 소매점, 옥외광고에서 사용된다.

예를 들면 신발과 모자와 같이 나이키라는 이름을 읽을 수 없는 제품일지라도 스우시는 나이키 제품임을 알려준다.

인식 가능한 상징을 개발하는 대신, 너무나 많은 기업들이 자사 브랜드의 머리글자를 사용한다.

'N'이라는 글자가 들어간 신발을 누가 만드는가? 아마도 사람들은 바로 답을 떠올리지 못할 것이다. 그러나 사람들은 대부분 이내 답을 알아

챌 것이다. 하지만 브랜드명 '뉴발란스(New Balance)'를 떠올리기까지는 여전히 잠시라도 시간이 걸린다.

이것이 차이점이다. 신발의 스우시를 보면 그 즉시 머릿속에서 나이키라는 이름이 인식된다.

하지만 'N' 자를 보면 이름을 떠올리기까지 잠시 머뭇거리게 된

다. 사람들은 그런 것을 귀찮아한다.

　브랜드명이 두 단어 이상이고 소비자에게 널리 인식되기를 희망할 때, 당신은 각 단어의 머리글자를 모두 사용하려고 한다. 패스트 푸드에서 'M'은 맥도날드를 의미하지만, 'B'가 버거킹을 상징할 수 있는가?

　엠버시 스위트(Embassy Suites)는 'E' 자를 호텔과 자사 자동차에 사용했다. 그러나 호텔 체인 엠버시 스위트를 거리에서 눈에 띄게 하려면, 'E'와 'S'를 같이 사용해 효과를 높여야 했다.

　인간의 마음은 단어를 생각한다. 페이스 북(Face Book)이 브랜드명이었다면 상징으로 'fb'를 사용했어야 한다.

　그러나 한 단어인 페이스북(Facebook)은 버튼과 아이콘의 비주얼로 'f'만 사용할 수 있다.

　페이스북은 현명하게도 이름과 단일한 파란색을 비주얼 해머로 사용했다. 그러나 이니셜보다 단어를 사용하는 것이 낫다.

　나무는 단순한 형태다. 페블 비치 (Pebble Beach)에서 회사의 트레이드마크로 사용한 나무는 가장 효과적인 비주얼 해머 중 하나다.

　페블 비치가 사용하는 나무는 '론 사이프러스(Lone Cypress)'를 상징적으로 그린 그림이다.

나무 심벌은 페블 비치를 기억하게 할 뿐만 아니라 소비자의 인식을 페블 비치라는 문자 그대로의 의미에서 벗어나게 한다.

소비자는 자갈 해변이 아닌 모래 해변을 선호한다.

더블트리(DoubleTree)와 같은 브랜드명의 경우 트레이드마크로서 나무 두 그루를 사용하는 것은 당연하다.

그러나 더블트리 호텔 체인은 사물의 정상적인 순서를 바꿔놓았다.

나무가 심벌임을 알아채려면 브랜드명인 더블트리를 읽어야 한다. 보통의 소비자에게 이 나무들은 탁구 라켓처럼 보인다.

최근 호텔 체인 더블트리는 로고타이프를 교체했다. 새로운 디자인은 더블트리 경영진이 얼마나 언어 중심적인지를 잘 보여준다. 현재 더블트리 호텔의 트레이드마크는 나무 두 그루 대신에 나무 한 그루와 'D'자 모양으로 이루어져 있다.

더블트리라는 이름에 맞지 않게 한 그루만 보여주었다. 머리글자 D 앞에 나무를 보여주어서 브랜드명이 마치 트리더블(TreeDouble)인 것처럼 보인다. 그래서 이 아이디어는 매우 퇴행적인 사고라 할 수 있다.

이 트레이드마크는 즉각적으로 메시지를 전달하는 비주얼이 아니며, 해독이 필요한 조합이다. 나무와 글자 D를 보라.

D가 의미하는 것은 층층나무(Dogwood)인가, 네덜란드의 느릅나무(Dutch elm)인가, 갈색이 의미하는 것은 '죽은' 나무라는 뜻인가?

물론 더블트리로 이해할 수도 있다.

그러나 이것으로는 충분하지 않다. 비주얼 해머는 소비자가 한눈에 알 수 있어야 한다. 비주얼 해머는 잠재 고객이 풀어야 하는 퍼즐이 아니다.

미국의 의류 업체인 토미 바하마(Tommy Bahama)의 로고타이프와 더블트리를 비교해보자.

토미 바하마의 나무는 브랜드의 시각적 상징일 뿐 아니라 야자나무가 틀림없어 '바하마' 브랜드를 위한 완벽한 비주얼이다.

10

유명인

장점이자 단점이 된다

마케팅에서 메시지만으로는 완벽히 전달할 수 없으며 소비자를 유혹하기 어렵다. 전하고자 하는 말을 소비자에게 알리려면 먼저 시선을 끌어야 한다. 유명인은 그 역할을 한다.

미국의 코미디언 빌 코즈비보다 광고 메시지를 잘 전달하는 사람은 없다.

2011년 미국광고협회의 명예의 전당(American Advertising Federation's Hall of Fame)에 오른 코즈비는 '광고 부문 평생 공로 협회장상(President's award for lifetime contributions to advertising)'을 수상했다.

빌 코즈비는 어떻게 파급력 있는 광고 모델이 된 것일까? 한마디로 말하면 진정성 덕분이다.

소비자는 실제로는 브랜드의 장점
을 믿지 않고 입으로만 떠드는 유명인
모델을 귀신같이 알아낸다.

빌 코즈비가 출연한 최고의 광고
는 젤로(Jell-O) 푸딩이었다. 그 광고에서 그는 젤로 푸딩을 디저트로
생각하도록 "배 속에서 맛있어 하는(Yummy for the tummy)", "고맙습니다,
엄마(Thank you, mother dear)"와 같은 광고 카피를 어린아이 같은 목소리
로 연기했다. 빌 코즈비는 새로운 브랜드를 출시할 때 고려해야 할
유명인 모델이다.

빌 코즈비는 크레스트(Crest), 코닥, 코카콜라, 포드 등 기억에 남
는 많은 광고에 출연했다.

소비자들은 유명인의 광고 모델 출연료가 엄청나다는 것을 알기
때문에 많은 마케팅 담당자들은 유명인을 모델로 활용하는 데 주저
한다.

물론 이해는 가지만, 한때 "마케팅 프로그램이 상업 광고를 중단
했으면 좋겠다"라고 말한 빌 코즈비처럼 정말 진실한 유명 인사를
활용한다면 이 문제는 극복될 수 있다.

하지만 유명인이 비주얼 해머가 될 수 없는 세 가지 이유가 있
다. 첫째, 유명인의 출연료는 비싸다. 둘째, 유명인이 항상 제품을
신뢰하는 소비자는 아니다. 셋째, 유명인도 사람이기 때문에 실수할
수 있고 이 경우 브랜드 이미지에 피해를 준다.

타이거 우즈, 코비 브라이언트(Kobe
Bryant), 찰리 신(Charlie Sheen), 린지 로언
(Lindsey Lohan), 브리트니 스피어스(Britney
Spears), 마사 스튜어트, 멜 깁슨(Mel
Gibson), 그리고 가장 최근에는 빌 코즈비에 대한 부정적인 언론 보도
가 빈발했던 것을 보라.

브랜드의 대변인으로 유명인을 활용하는 것은 항상 위험이 따른
다. 그리고 비용 문제가 발생한다. 타이거 우즈는 문제를 일으키기
전 15년간 광고 출연으로 9억 5100만 달러를 벌었다.

연평균 6300만 달러의 수익을 올린 것이다.

그런데 신뢰도에 문제가 생겼다.
그가 뷰익(Buick) 자동차 광고에 출연했
을 때, 젊고 카리스마 있으며 세계적
인 스포츠 스타가 뷰익을 탄다는 아
이디어는 겉보기에 좋은 아이디어였다. 하지만 뷰익에 대한 인식을
높일 수 없었다.

타이거 우즈는 세계에서 가장 많은 돈을 버는 선수로, 가격이
2000만 달러에 이르는 155피트 크기의 요트를 소유하고 있다.

몇 년 전에는 플로리다 주피터섬에 10에이커의 부동산을 4000만
달러에 매입해 그 집을 즉시 허물고 그 자리에 수영장 두 개, 수백 피
트의 러닝 트랙, 5000제곱 피트의 체육관, 네 개의 홀이 있는 골프

코스와 저택을 지었다.

이런 그가 뷰익을 선택할 가능성은 거의 없다.

예상한 대로 타이거 우즈가 광고 모델을 한 2002년부터 2008년까지 뷰익은 시장에서 고전했다.

미국 내 판매는 급격히 떨어졌다. 2002년 43만 2017대에서 2008년 13만 7197대로 68% 하락했다.

타이거 우즈가 뷰익 광고에 출연하는데 GM의 최고급 브랜드 캐딜락에는 누구를 출연시킬 것인가?

신인가?

캐딜락의 트레이드마크는 매력적  이지만 어떤 의미가 있는가?

그것은 단지 자동차에 어울리지 않는 문장(紋章) 디자인일 뿐이다.

과장일 수도 있지만, 타이거 우즈가 캐딜락을 타는 것은 분명히 그럴듯한 광고다. 많은 미국 사람들에게 미국의 명차는 유럽이나 아시아의 명차와 동등한 위치에 있다. 따라서 미국인인 타이거 우즈는 당연히 미국 최고의 차인 캐딜락을 운전할 것이다.

이것이 세계 최고의 운동화, 나이키의 모델이 타이거 우즈인 이유다. 하지만 그가 나이키 대신에 리복이나 아디다스 광고에 출연했다고 가정해보라. 효과가 있을까? 물론 없을 것이다.

일관성이 필요하다. 세계 최고의 선수인 타이거 우즈는 강력한 선도 브랜드와 연결되어야 한다. 뷰익이나 리복은 아니다.

세계적인 첨단 기술 및 컨설팅 회
사 액센츄어(Accenture)가 타이거 우즈
를 모델로 선택한 이유 역시 바로 이
것이다.

신발과 달리 액센츄어 같은 컨설팅 회사는 보이지 않는 서비스
를 제공한다. 타이거 우즈 같은 유명인은 보이지 않는 서비스를 시
각적으로 보여줄 수 있다.

타이거 우즈가 액센츄어 브랜드의 비주얼 해머가 되었던 6년 동
안 그는 액센츄어 브랜드의 가시성을 크게 높였다.

액센츄어의 매출은 2003년 134억 달러에서 2009년 232억 달러
로 73% 성장했다. 이 6년 동안 액센츄어의 최대 경쟁자 IBM은 12%
성장하는 데 머물렀다.

스포츠 스타는 은퇴하면 곧 잊히지만 항상 그런 것만은 아니다.

존 매든(John Madden)과 EA 스포츠
가 개발한 미식축구 비디오게임 '매
든 NFL(Madden NFL)'이 좋은 예다.

1988년에 처음 소개된 이 게임은
8500만 개의 제품을 팔아서 30억 달러 이상을 벌었다.

존 매든은 2009년 방송 해설자로 은퇴했지만 비디오게임으로
이름을 알리고 있다. 매든 NFL이 그 게임의 모델 존 매든보다 더 오

래 인기를 끌 수 있을까?

그러지 못할 이유가 없다. 매든은 폴 뉴먼, 오빌 레텐바커와 코코 샤넬(Coco Chanel) 같이 브랜드가 되었기 때문이다.

잘 키운 브랜드는 오래도록 살아남는다.

아이제이아 무스타파(Isaiah Mustafa)는 NFL 팀의 연습 상대 선수였지만, 1938년부터 P&G가 판매해온 화장품 브랜드 올드 스파이스(Old Spice)의 "당

신의 남자와 같은 향기가 나는 남자(The man your man should smell like)"라는 광고 카피로 유명해졌다. 무스타파는 오래된 데오도런트 브랜드에 생기를 불어넣었다. 인터넷과 입소문으로 무스타파의 동영상이 소개된 후 판매가 폭발적으로 늘었다.

무스타파는 올드 스파이스의 모델뿐 아니라 소셜 미디어의 스타가 되었다. 단순히 트위터나 블로그에서 활발한 활동을 한 것만이 아니라 엄청난 조회 수를 올렸다. 마케팅업계 사람들은 올드 스파이스의 성공 사례에 열광했다.

진짜 궁금한 것은 다음 캠페인이다. 올드 스파이스처럼 젊고 잘생긴 모델과 직접 연결되지 않는 브랜드에 항상 따라다니는 문제다.

심지어 브랜드의 트레이드마크인 대형 범선은 작은 요트보다 오토바이를 탈 것 같은 남자와는 어울리지 않는다.

그러나 올드 스파이스의 콘셉트 "남자의 향기(Smell like a man)"는 매

우 강력하다. 브랜드가 지닌 유산을
강화하고 향기 나는 바디 스프레이로
성공한 유니레버(Unilever)의 액스(Axe)를
직접 공격했다.

액스 광고에서는 젊은 남성이 젊은 여성들을 매혹하려고 액스를
뿌리는 장면이 연출된다. 그리고 "액스 효과(The Axe Effect)"라는 익살스
러운 자막이 광고에 등장한다.

수십 년 전 15살이었던 브룩 쉴즈(Brooke Shields)는 캘빈 클라인(Calvin
Klein) 청바지의 텔레비전 광고에서 비슷한 선풍을 일으켰다.

"캘빈 클라인과 나 사이에는 아무
것도 없어요(Nothing comes between me and
my Calvins)"는 이 광고 캠페인에서 기억
에 남는 언어적 못이었다.

브룩 쉴즈와 같은 10대가 텔레비전 광고에서 청순하고 섹시한
모습을 조화롭게 보여주었다는 이 명백한 사실은 캘빈 클라인 광고
만큼이나 대중을 깜짝 놀라게 했다.

빠르게 변하는 패션업계에서 이는 문제가 되지 않는다. 시간이
흐르면서 많은 패션 브랜드가 시대에 뒤떨어지는 경향이 있다. 또는
그냥 인기 모델이나 유명인으로 광고 모델을 교체한다.

캘빈 클라인은 마키 마크 월버그(Marky Mark Walberg), 케이트 모스
(Kate Moss)와 모델 계약을 하고 제품 광고를 내보냈다. 최근에는 저스

틴 비버(Justin Bieber)로 바꾸었다.

광고 모델은 나이가 많아도 될까?

2010년 슈퍼볼의 승자는 누구였을까? 뉴올리언스 세인츠(New Orleans Saints)가 우승했다. 그런데 광고에서의 승자는 누구였을까?

탤런트 여배우 베티 화이트였다.

≪USA 투데이(USA TODAY)≫에 따르면 88살 여배우가 미식축구를 하는 장면의 스니커즈(Snickers) TV 광고가 슈퍼볼 기간에 가장 인기가 많았다고 한다. 카피는 "배고플 때 너는 네가 아니야(You're not you when you're hungry)"였다.

마케팅을 이해하기 위해 중요한 한 가지는 마케팅이 단기간의 해결 방안을 제시하는 것이 아니라는 점이다. 단기간의 매출을 증대하려면 할인 판매가 답이다. 마케팅은 장기간의 전략이며 몇 년이 아닌 몇 십 년간 지속되어야 한다.

불행하게도 베티 화이트는 스니커즈 브랜드의 장기적 홍보에 적합한 모델은 아니었다. 더 심각한 것은 베티 화이트와 초콜릿류가 전혀 연관되지 않는다는 것이다.

재밌는 광고였지만, 브랜드에는 도움이 되지 않았다.

장기간 일관되게, 한 연예인을 써서 가치를 창출한 가장 좋은 사례

중 하나는 차민(Charmin) 두루마리 휴지와 미스터 휘플(Mr. Whipple)이다.

1965년부터 1990년까지 25년 동안 딕 윌슨(Dick Wilson)은 광고에서 차민 두루마리 휴지를 계속 눌러보는 소매점 주인 미스터 휘플을 연기했다.

그 긴 기간 동안 딕 윌슨은 차민 두루마리 휴지를 홍보하는 504편의 텔레비전 광고에 등장했다[차민 광고 캠페인 덕분에 미스터 휘플은 정치인 리처드 닉슨(Richard Nixon)과 목사 빌리 그레이엄(Billy Graham)에 이어 미국에서 세 번째로 유명한 이름이 되었다].

차민은 또한 초점을 좁히는 전략의 좋은 사례다. 현재 킴벌리 클라크(Kimberly-Clark)가 소유한 스콧 페이퍼 컴퍼니(Scott Paper Company)는 19세기 말부터 두루마리 휴지를 만들기 시작했으며, 오랫동안 두루마리 휴지 시장을 선도했다.

그러나 스콧은 브랜드의 제품군을 확장했다.

두루마리 휴지 외에도 스콧 페이퍼 컴퍼니는 스콧 수건, 스콧 냅킨, 스콧 화장지를 추가했다. 그러나 1957년 스콧 브랜드에 심각한 문제가 생겼다.

P&G가 차민 페이퍼 컴퍼니(Charmin Paper Company)를 계열사로 사들인 것이다. 차민 제품은 종이 수건, 종이 냅킨, 화장지, 두루마리 휴지 등 스콧이 만드는 모든 제품과 겹친다.

하지만 그 당시에 P&G는 경영자 유형이 아니라 마케팅을 담당하는 이들에 의해 운영되었다.

'한 가지에 집중하는(narrow the focus)' 전통적인 전략의 일환으로 P&G는 두루마리 휴지를 제외한 차민의 모든 제품을 포기했고, 브랜드를 홍보하기  위해 미스터 휘플이라는 캐릭터를 만들었다.

모든 장점을 이야기하는 대신 P&G는 두루마리 휴지의 부드러움에 집중했다.

"차민은 눌러보지 마세요(Please don't squeeze the Charmin)"는 언어적 못이었으며, 미스터 휘플은 비주얼 해머였다. 그리고 미스터 휘플은 차민을 눌러볼 수밖에 없는 상황의 익살스러운 광고를 연기했다.

차민 브랜드는 수십 년 동안 두루마리 휴지 분야에서 리더로 승승장구하고 있다. 유명인이 등장하는 또 다른 장기간의 광고 캠페인은 가전제품 회사인 메이텍(Maytag)의 '외로운 수리공(Lonely Repairman)' 광고였다.

1967년 메이텍 광고에서 성격파 배우 제시 화이트(Jesse White)는 외로운 수리공 역할을 맡았는데, 이 역할은 1989년 고든 점프(Gordon Jump)와 2007  년 클레이 얼 잭슨(Clay Earl Jackson)으로 이어졌다.

몇 년 동안 메이텍은 미국에서 가장 많이 팔린 세탁기였다.

메이텍의 경쟁사는 "메이텍은 원가도 같고 우리 것만큼 고장도 나지만, 평판 때문에 100달러 더 비싸다"라고 불평했다.

세탁기가 믿음직하다는 점을 어떻게 시각화할 수 있을까? 당신은 할 수 없다. 그래서 메이텍을 제외한 브랜드 대부분이 언어적 접근을 사용한다.

메이텍 광고에서 수리공은 자사 세탁기가 너무 믿음직해서 심심할 정도로 할 일이 없다. 이런 너무나 터무니없는 콘셉트를 시각화할 수 있기 때문에 효과적인 캠페인이 될 수 있었다.

사진이나 일러스트로 이루어진 마케팅 기획안을 본 적이 있는가? 마케팅 기획안은 주로 말과 글에 의존한다.

머지않아 마케팅 기획안에 단어와 마찬가지로 비주얼이 포함될 것이다. 지난 20년 동안 가장 성공한 잡지인 ≪오, 더 오프라 매거진(O, The Oprah Magazine)≫을 살펴보자.

최근에 판매 부수가 200만 부를 넘었다.

어떤 발행인도 오프라 윈프리(Oprah Winfrey)의 이름을 잡지에 사용한 것이 좋지 않은 생각이라고 말하지 않는다. 그러나 다음 단계로 매 호 표지에 오

프라의 사진을 넣는 전략을 택할 발행인이 얼마나 있을까?

표지의 사진은 비주얼 해머로서, ≪오, 더 오프라 매거진≫이 성공한 이유이기도 했다. 다른 한편 케이블 채널 '오프라 윈프리 네트

워크(Oprah Winfrey Network)'의 TV쇼가 성공하지 못한 것은 오프라를 비주얼 해머로 사용하지 않은 것이 원인이기도 하다.

그러나 가끔은 유명 인사의 활용이 독이 될 수 있다. 특히 브랜드의 지향점과 반대되는 인물을 택했을 때가 그렇다.

2000년 델의 경우 기업용 컴퓨터의 리더라는 자리에서 한발 더 나아가 개인용 컴퓨터 시장을 선점하려고 노력했다.

좋은 전략도 아니었고, 더 심각했던 것은 소비자 분야의 제품을 출시하기 위해 선택한 언어적 못과 비주얼 해머였다.

21살 대학생 벤 커티스(Ben Curtis)가 출연한 TV 광고에 언어적 못은 "녀석, 델을 사는군(Dude, your are getting a Dell)"이었다(3년 뒤 벤 커티스가 마리화나 소지 혐의로 구속되자 델의 이미지는 말도 못하게 망가졌다).

델의 제품은 주로 개인 소비자가 아닌 기업체에 팔린다.

벤 커티스가 광고 캠페인에 출연한 지 10여 년이 지난 지금도, 심지어 회사 전체 매출에서 개인 소비자를 상대로 한 매출은 겨우 20%다.

벤 커티스가 델 컴퓨터를 소비자에게 판촉할 때 기업용 컴퓨터 구매자들은 어떤 생각을 할까?

주요 기업의 CEO가 자사 IT 담당자에게 "어떤 컴퓨터를 구매할 것인가?"라고 질문하는 상황을 가정해보라.

이런 기업 환경에서 "녀석, 델을 사는군"이라는 언어적 못은 부적절하다.

델은 더 이상 전 세계에서 컴퓨터를 가장 많이 판매하는 회사가 아니다. 현재는 레노버(Lenover)가 1위, HP가 2위를 하고 있다.

이유는 무엇인가? 델은 한곳에 집중하지 않았기 때문이다.

과거에 델이라고 하면 '기업에 직접 판매하는 기업'이라는 이미지가 떠올랐지만, 현재 델은 '상장 기업으로 성공할 수 없어서 비공개 기업으로 전환한 그저 그런 또 다른 회사'라는 이미지를 빼면 나타낼 만한 상징이 없다.

광고의 역사를 살펴보면 마케팅 캠페인에 등장하는 실제 인물이나 허구의 유명인을 만날 수 있다.

대부분은 몇 년 못 가서 사라진다. 그들을 고용한 기업은 다음에는 더 나은 유명인을 출연시킬 결심을 한다.

그러나 문제는 대개 해머가 아니다. 효과적인 못의 부족함이 문제다.

딕 윌슨은 미스터 휘플 역할로 대단한 일을 해냈다. 하지만 차민 브랜드를 구축한 것은 "부드러움(softness)"이라는 못이었다.

유명인 해머와 부드러움이라는 못, 이 둘을 연결하는 능력은 브랜드 성공의 핵심적인 요인이었다.

제시 화이트, 고든 점프, 클레이 얼 잭슨은 메이텍의 모델로 믿을 만했지만, 브랜드를 구축한 것은 메이텍 수리공을 심심할 정도로

할 일이 없게 만든 "믿음직함(reliability)"이라는 못이었다.

적절한 언어적 못을 골라야 한다. 그러면 유명인이 누구든 당신의 브랜드 파워를 높일 것이다. 잘못된 언어적 못을 선택하면 조지 클루니(George Clooney)가 온다 해도 땅에 떨어진 당신의 브랜드를 구하기 어렵다.

11

동물

의인화는 통한다

사람들은 성격을 동물에 비유한다. 용기 있는 사람을 '라이언하티드(lion-hearted)', 비겁한 사람을 '치킨리버드(chicken-livered)', 탐욕스러운 사람을 '피기시(piggish)', 변호사를 '상어(sharks)'라고 한다.

놀기 좋아하고 심각하지 않은 사람을 '말을 타는 듯한(horsing around)', 맹목적으로 따르는 사람을 '양(sheep)', 험담하는 사람을 '캐티(catty)'라고 한다.

포기할 줄 모르는 사람을 '도기들리(doggedly)', 말이 없는 사람을 '쥐처럼 조용한(quiet as a mouse)', 지난 세월에 집착하는 사람을 '공룡(dinosaurs)'이라고 한다.

동물은 미국에서 애완용으로 인기가 많다. 미국에서는 애완용으로 8600만 마리의 고양이, 7800만 마리의 개, 1600만 마리의 새, 1300만 마리의 파충류를 키운다(내 아들도 푸들 한 마리와 햄스터 두 마리를 키운다).

인간은 동물을 사랑하고 친근해하기 때문에 동물은 효과적인 비주얼 해머가 될 수 있다.

2014년 미국 시장에서 겨우 1만 5773대를 판매한 자동차 브랜드 재규어(Jaguar)의 가시성을 살펴보자(재규어의 시장 점유율은 0.1%로 매우 낮다).

같은 해 재규어와 다른 자동차 브랜드의 판매를 비교해보면, 사이언(Scion)은 5만 8009대, 미쓰비시(Mitsubishi)는 7만 7643대, 인피니티(Infiniti)는 11만 7330대, 어큐라(Acura)는 16만 7843대로 재규어보다 더 많은 차를 팔았다.

재규어의 비주얼과 이름은 더 많이 판매된 자동차 브랜드보다 재규어 브랜드를 도로에서 더 돋보이게 한다.

그렇다면 재규어 마케팅 프로그램에서 빠뜨린 것은 무엇인가? 물론 언어적 못이다. 재규어의 언어적 못을 사람들 대부분은 알지 못한다.

닛산(Nissan)의 최고급 자동차 브랜드 인피니티를 보자. 많은 사람들이 인피니티 브랜드의 트레이드마크가 '무한대(infinity)'를 뜻하는 상징을 변형시킨 것임을 안다. 그러나 수학 논문 대신 자동차 브랜드

에 맥락 없이 사용되었기 때문에 약
한 비주얼 장치가 되었다.

논리적으로 연결된다면, 때로는
맥락이 없어도 괜찮다. 그러나 무한
대와 자동차 콘셉트 사이의 논리적 연결은 무엇인가?

인피니티 자동차는 연료 통을 한 번 가득 채우면 영원히 달린다
는 말인가?

반면 재규어 자동차는 날렵하고
날쌘 동물 재규어처럼 생겼다.

대단한 비주얼 해머이지만, 거의
존재하지 않는 언어적 못은 재규어의
판매에 심각하게 영향을 준다.

BMW는 최고의 자동차다. 포르쉐는 최고의 스포츠카다. 메르세
데스 벤츠는 최고급 승용차다.

그러나 재규어는 어떤가? 언어적인 못을 찾아야 할 브랜드다.

또 다른 날렵하고 날쌘 동물은 그레이하운드다. 이 동물은 매일 1만
6000대의 버스가 3100개 노선을 운행하는, 미국에서 가장 큰 시외버
스 회사 그레이하운드 라인스(Greyhound Lines)의 완벽한 심벌이다.

그레이하운드의 비주얼 해머는 마케팅 역사에서 가장 기억에 남
는 언어적 못 중 하나인 "버스를 타고, 함께 떠나요(Take the bus and leave
the driving to us)"와 결합되었다.

그러나 최근의 언어적 못은 "그레이하운드를 타고 함께 떠나요 (Go Greyhound and leave the driving to us)"로 수정되었고, 그 과정에서 그동안 쌓아온 자산을 잃었다.

논리적인 좌뇌의 관점에서 보는 간부들에 의해 슬로건이 새로 개선된 것 같지만, 실은 그렇지 않다. "그레이하운드를 타고"는 그레이하운드 외에 선택할 수 있는 다른 많은 버스 회사가 있다는 것을 의미한다.

'버스를 타고'는 그레이하운드가 다른 대안을 생각할 수 없는 대표 브랜드라는 것을 뜻하며, 비주얼을 브랜드와 상호작용을 하도록 만든다.

그레이하운드 라인스는 미국 시장에 집중한다는 것을 상징하려는 것처럼 한때 빨간색, 흰색, 파란색을 추가해 해머를 어설프게 고쳤다.

두 상징은 이전보다 전혀 나아지지 않았다. 두 상징은 시각적으로 혼동만 일으켰다. 마케팅에서 단순성과 지속성은 복잡성과 다양성보다 중요하다.

재규어가 자동차, 그레이하운드가 버스에 적절해 보인다면, 텔레비전, 테마파크, 영화, 소비재 등 다양한 사업 분야를 거느린 490억 달러 규모의 기업에 어울리는 동물은 무엇일까?

쥐는 어떠한가?

미키 마우스(Mickey Mouse)는 월트
디즈니(Walt Disney)의 만화 〈증기선 윌
리(Steamboat Willie)〉에 처음 등장했다.
이후 미키 마우스는 120편의 만화에
출연했다.

한 소식통에 따르면 미키 마우스는 세상에서 가장 많이 재현된
이미지로, 두 번째가 예수, 세 번째가 엘비스 프레슬리였다.

월트 디즈니는 "나는 우리가 한 가지 사실을 놓치지 않기 바랍니
다. 그것은 바로 한 마리의 쥐에서 모든 것이 시작되었다는 것입니
다"라고 말한 적이 있다.

회사 전체를 상징할 효과적인 비주얼 해머를 찾으려는 노력은
희망이 없는 일이다.

특히 대기업이라면 브랜드를 타오르게 할 불씨를 찾는 것이 더
낫다.

전구를 발명한 토머스 에디슨(Thomas
Edison)이 세운 GE(General Electric)는 글자
를 전구의 필라멘트로 상징화해 사용
한다.

비주얼을 언어와 결합시키는 것이 당신의 첫 번째 목표가 되어
야 한다.

이를 실천하는 방법 중 하나가 중의법을 사용하는 것인데, 가장

좋은 사례로 세계적인 투자은행 메릴 린치(Merrill Lynch)의 황소(bull)가 있다. 메릴 린치의 언어적 못은 "메릴 린치는 미국에서 상승세입니다(Merrill Lynch is bullish on America)"로 가장 기억에 남는 슬로건 중 하나다.

Merrill Lynch is bullish on America.

하지만 슬로건을 기억에 남게 하는 것은 브랜드를 즉시 알아보게 하는 비주얼 해머다.

사자는 '동물의 왕(king of beasts)'으로 효과적인 비주얼 해머가 될 수 있지만, 언어적 연결이 필요하다. 미국 남부에 있는 작은 은행 체인 피델리티

(Fidelity)는 사자를 상징으로 활용하며, 심지어 자사의 웹 사이트 주소도 lionbank.com이다. 그러나 언어적 연결은 약하다. 대표적인 옥외광고로 "대출을 사냥하겠습니까?(Hunting for a loan?)"가 있다.

재치 있는 헤드라인이지만, 기억에 남지 않는다. 은행원에게 총을 들이대고 대출해달라고는 하지 않는다.

만약 피델리티가 대형 은행이었다면 "은행의 왕(King of Banks)"이라는 언어적 못과 함께 사자를 이용할 수 있었다(버드와이저가 "맥주의 왕"이라고 한 것이 얼마나 효과적인지를 보라).

사자 다음으로는 호랑이가 가장 이목을 집중시키는 동물이다. 그리고 켈로그 프로스티드 플레이크(Kellogg's Frosted Flakes)는 호랑이를 먼저

선점했다.

1952년 켈로그는 '호랑이 토니
(Tony the Tiger)'를 마스코트로 소개했다.
마스코트 이름에 적용한 두운 법칙은
"They're gr-r-reat(엄청 뛰~어~나)"라는 언
어적 못과 더불어 브랜드를 구축하는 데 도움이 되었다.

미국에서 가장 큰 해산물 레스토
랑 체인은 '레드 시푸드(Red Seafood)'가
아니다. 바닷가재보다 생선과 새우를
더 많이 팔기 때문에 레드 시푸드(Red
Seafood)라는 이름이 더 적절할지 모르지만, 그 이름 대신에 '레드 로
브스터(Red Lobster)'를 사용한다.

레드 로브스터라는 이름이 더 기억에 남고, 그 자체가 기억에 남
을 만한 비주얼로 적합했다.

구체적인 표현(로브스터)이 일반적인 것(시푸드)보다 항상 더 기억에
남는다. 같은 방식으로 호랑이라고 구체적으로 표현하는 것이 동물
이라는 일반적 표현보다 더 기억에 남는다.

100여 년 전, 아이들에게 동물 모양 크래커가 인기를 끌었다. 그
크래커 상자에는 사자, 호랑이, 곰, 코끼리 등 다양한 동물 모양의
크래커가 담겨 있었다.

오늘날 가장 인기 있는 동물 크래커 브랜드는 식품 회사 나비스

코(Nabisco)가 만든 바넘(Barnum)이다['바넘'이라는 이름은 가장 큰 서커스 회사 링링 브라더스(Ringling Bros.)와 바넘 앤드 베일리(Barnum & Bailey)의 설립자 P. T. 바넘(P. T. Barnum)에서 따온 것이다].

바넘은 통틀어 54종이 넘는 동물을 브랜드에 사용했다. 그러나 더 나은 방법은 하나의 동물에 집중하는 것이다.

식품 회사 페퍼리지 팜스(Pepperidge Farms)의 골드피시(Goldfish) 브랜드를 살펴보자.

골드피시의 동물 크래커는 실제로 크래커라기보다는 '쿠키'였지만, 다른 동물 크래커 브랜드보다 엄청나게 많이 팔렸다.

1997년 골드피시 크래커는 크래커에 웃는 얼굴과 눈을 새기고 언어적 못 "웃음을 돌려주는 과자(The snack that smiles back)"와 연결했다.

골드피시 크래커는 튀기지 않고 구워 건강하게 만들었기 때문에 어린아이를 둔 부모들에게 인기가 높았다. 아이들은 과자의 머리 부분을 물었을 때, 보이는 웃는 모양을 좋아했다.

구체적인 특징 대신 일반적인 요인에 집중하는 실수를 범한 회사는 액센츄어(Accenture)였다. 유명인 한 사람(타이거 우즈)을 광고 모델로 했을 때는 비즈니스 업계에 큰 반향을 불러일으켰다.

이후 타이거 우즈를 교체한 이유는 이해할 수 있지만, 한 마리 동물이 아닌 동물원 전체로 바꾼 것은 이해가 되지 않는다.

최근 광고에는 코끼리, 기린, 북극곰, 개구리, 상어, 카멜레온 등 다양한 동물을 등장시켰다(지금까지 호랑이는 없었다).

다양한 동물을 모델로 한 것은 실수였다. 해머는 하나의 아이디어로 표현되어야 한다. 하나의 브랜드에 다양한 해머는 이치에 맞지 않는다.

원래의 액센츄어 광고에 여러 명의 골퍼가 나왔다면 이해할 수 있었을까? 그렇게 생각되지 않는다.

기억에 남을 만한 캠페인을 만들려면 하나의 동물에 집중해야 한다. 나라면 코끼리를 택했을 것이다. 거대 기업을 상대로 하는 액센츄어의 시장과 이미지가 비슷하기 때문이다.

한때 액센츄어는 코끼리가 서핑 보드를 타는 인쇄 광고를 만든 적이 있다. 헤드라인은 "당신은 민첩하게 행동하기에 결코 너무 거대하지 않다 (You're never too big to be nimble)"였다.

언어적 못과 동물 해머를 통합하면 마케팅에서 성공할 수 있다.

최근 액센츄어는 유니레버(Unilever), 메리어트(Marriott), 로열 셰익스피어 극단(Royal Shakespeare Company) 같은 고객사에 집중하기 위해 동물 캠페인을 중단했다.

언어적으로 액센츄어의 변화는 일리가 있지만, 시각적으로는 그렇지 않다. 동물 비주얼이 일관성 있었고 기억에 남았다.

액센츄어의 워너 브라더스(Warner
Bros)와 메리어트 호텔 광고 사이에 일
관된 비주얼은 어디에 있는가?

일관된 비주얼이 없었던 액센츄
어는 새로운 캠페인을 통합하기 위해 심벌을 활용했다. 그러나 이
상징은 항공사나 자동차 회사에 적합할지 몰라도 컨설팅 회사에는
어울리지 않는다.

소는 치킨 체인의 비주얼 해머로 적절하지 않다고 생각할지도
모른다. 그렇지만 주로 미국 남부에 매장을 둔, 성공한 치킨 샌드위
치 체인 칙필에이(Chick-fil-A)는 소 덕분에 큰 효과를 보았다.

치킨 샌드위치의 경쟁자는 누구인가? 답은 명확하다. 당연히 햄
버거 샌드위치다.

지난 16년간 칙필에이는 마케팅
메시지를 전달하기 위해 재미있는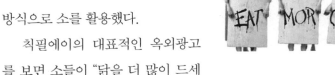
방식으로 소를 활용했다.

칙필에이의 대표적인 옥외광고
를 보면 소들이 "닭을 더 많이 드세
요(Eat mor chikin)"라고 쓰인 샌드위치 판을 들고 있다.

칙필에이 매장은 종업원들이 일요일에 교회에 가도록 문을 닫는
데도, 매장의 평균 매출이 맥도날드의 250만 달러, KFC의 90만 달
러보다 많은 290만 달러였다.

브랜드가 언어적으로 연결되지 않아도 시각적인 상징은 브랜드 인지도를 크게 향상시킬 수 있다. 특히 보험이나 금융 서비스 같은 저금리 분야가 그렇다.

1974년 이후로 줄곧 하트퍼드 파이낸셜 서비스 그룹(Hartford Financial Services Group)은 동물 엘크(Elk)를 회사 의 심벌로 사용했다.

하트퍼드의 최초의 텔레비전 광고에는 로런스(Lawrence)라고 불리는 무게 500파운드에 키 10피트, 여덟 개의 가지로 뻗은 뿔과 두꺼운 빨간색 털로 덮인 엘크를 등장시켰다.

이 광고에서 엘크가 보험과 어떤 관계가 있는지 전혀 언급하지 않았지만, 하트퍼드의 광고는 확실히 기억에 남았다.

엘크와 유사한 동물을 더 유용하게 활용한 기업은 디어 앤드 컴퍼니(Deere & Company)다.

세계에서 가장 큰 농기구 제작 업체인 이 기업은 44년 동안 존 디어(John Deere)라는 브랜드와 "디어처럼 뛰는 것은 없다(Nothing runs like a Deere)"라는 슬로건을 사용해왔다.

이 기업은 창업한 지 178년이 되었고, 2014년에는 매출 361억 달러에 순이익 32억 달러를 기록해 순이익이 8.9%에 이르렀다.

다음으로 오리로 상징되는 아플
락(Aflac)도 놀랍게 변화했다. 2000년
기업의 인지도는 12%에 불과했지만,
현재는 94%로 높아졌다.

아플락은 오리 캠페인을 시작한 첫해에 매출이 29% 상승했으
며, 다음 해에는 28%, 세 번째 해에는 18%가 올랐다.

비주얼 심벌을 고민할 때 당신이 사용할 매체도 함께 고려해야
한다. 텔레비전은 주로 오락 매체인 반면에 라디오, 신문, 잡지, 인
터넷은 정보 매체다.

정보 매체는 '뉴스 형식'의 광고 메시지가 효과적이지만, 텔레비
전 메시지는 오락적인 요소를 포함해야 한다. 그렇지 않으면 무시되
기 쉽다.

미국에서 참치 통조림 1등 브랜드
인 스타키스트(StarKist)는 TV 광고에 어
부가 쓰는 모자와 안경을 끼고 힙스
터처럼 꾸민 참치 '찰리(Charlie)'를 수년
간 등장시켰다.

찰리는 본인이 '뛰어난 풍미(good taste)'가 있기 때문에 스타키스트
를 위해 완벽한 참치라고 말하지만, 낚시 바늘에 부착된 "미안, 찰리
(Sorry, Charlie)"라는 메모와 함께 찰리는 거절당했다.

왜냐하면 스타키스트는 참치의 '뛰어난 풍미(good taste)'가 아니라

'맛있는(taste good)' 참치를 원하기 때문이다.

홍미롭게도 2위 브랜드 범블 비(Bumble Bee)와 3위 브랜드 치킨 오브 더 시(Chicken of the Sea) 역시 자사의 상징으로 동물을 활용했다.

1894년부터 케이크용 밀가루 시장을 선도해온 브랜드 스완스 다운(Swans Down)을 비롯해 다른 많은 음식 브랜드가 그들의 명칭을 동물 비주얼과 연결시켰다.

고릴라 글루(Gorilla Glue)는 한발 더 나아가 자사 브랜드명을 고릴라 비주얼과 "지구상에서 가장 강력한 접착제(The toughest glue on planet earth)"라는 언어적인 못과 연결시켰다.

피클 시장의 선도 브랜드 블래식(Vlasic)은 황새를 비주얼 심벌로 사용했다. 하지만 브랜드명과 실질적인 연관이 없었고, 언어적 못과 대형 광고 캠페인도 없었기 때문에 블래식의 황새는 효과가 없었다.

광고비가 계속 오르기 때문에 블래식 같은 전통적인 브랜드들은 광고 예산을 줄이도록 강요받고 있다.

따라서 브랜드는 비주얼 해머를 지속하기 위해 광고에만 의존할 수 없다. 비주얼 해머는 스스로 일어설 수 있어야 한다.

이것이 바로 별도의 노력을 들이지 않아도 마케팅 자료뿐 아니라 마케팅 프로그램에 효과가 있는 시각적·언어적 전략의 개발이 중요한 이유다.

2001년 미국 시장에 진출한 오스 트레일리아의 와인 브랜드 옐로 테일 (Yellow Tail)을 살펴보자. 3년이 지난 후 옐로 테일은 가장 잘 팔리는 수입 와

인이 되었다. 미국 시장에 6500개의 수입 와인이 있다는 사실을 고려할 때, 이는 눈에 띄는 성과였다.

옐로 테일의 비주얼 해머는 꼬리가 노란 왈라비(캥거루의 사촌 동생)를 검정색과 노란색으로 표현한 상표다.

옐로 테일의 광고에는 왈라비와 함께 다양한 동물이 등장한다.

대표적인 헤드라인은 "옐로 테일, 오스트레일리아 밖에서 목격되었다

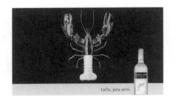

(Yellow Tail. Now spotted outside Australia)"이며, 다양한 비주얼로 인어, 캥거루, 바닷가재, 공작, 새, 악어 등이 등장했다. 하지만 나는 폭넓고 다양한 비주얼을 사용하는 데 의문이 든다.

오히려 왈라비에만 초점을 맞추는 것이 더 효과가 있었을지도 모른다.

그러나 지난 10년 동안 초반에 경쟁할 만한 수입 와인 광고가 없었기 때문에 옐로 테일의 광고와 포장이 강력한 브랜드를 구축했다

는 데는 이견이 없다.

최근에 옐로 테일은 언어적 못을 재미없는 슬로건 "테일, 네가 이겼어(Tails, you win)"로 짧게 바꾸었다.

하지만 '오스트레일리아'를 뺀 것은 실수였다. 주류 브랜드는 진정성을 전달하기 위해 '원산지'가 필요하다.

스코틀랜드에서 온 스카치위스키(Scotch whiskey)는 전 세계적으로 가치를 인정받는다. 하지만 만약 스위스에서 온 스카치위스키라면 어떨까? 그것은 말이 되지 않는다.

사케는 일본, 테킬라는 멕시코, 샴페인은 프랑스, 보드카는 러시아, 럼주는 쿠바인 것처럼 '원산지'는 주류 브랜드로 자리매김하는 데 도움이 된다.

옐로 테일은 수십 년간 지속할 수 있는 와인 브랜드를 구축했을 뿐 아니라 오스트레일리아를 뛰어난 와인을 제조하는 국가로 인식하도록 하는 데 도움이 되었다.

와인처럼 휴대용 생수는 시장을 차지하기 위해 브랜드 수백 개가 경쟁한다.

펩시콜라의 아쿠아피나(Aquafina)와 코카콜라의 다사니(Dasani)는 생수 시장의 리더다. 그리고 에비앙은 고가 생수 콘셉트로 강력히 자리 잡았다.

최근에 약진하는 브랜드는 네슬레(Nestlé)의 디어 파크(Deer Park)다. 디

어 파크는 인정할 만한 상징이 있는 몇 안 되는 브랜드 중 하나다.

다른 중간급의 브랜드 애로헤드
(Arrowhead: 화살촉), 크리스털 가이저(Crystal
Geyser), 폴란드 스프링(Poland Spring), 오
자카(Ozaka)를 고려해보자. 이 브랜드
들을 어떻게 시각화할 수 있을까?

시각화가 가능한 브랜드는 애로헤드이지만 상징화하는 데 문제
가 있다.

화살촉과 생수가 무슨 관련이 있는가? 네슬레는 "산에서 솟는 물
(mountain spring water)"이라고 언어화하고, 시각적 요소로 에비앙이 선점
한 비주얼 산맥을 활용했다.

휴대용 생수 시장처럼 브랜드가 많은 영역에서 독특한 언어적
못을 개발하는 것은 어렵다. 독특한 비주얼로 상징화할 수 있는 디
어 파크 같은 브랜드명이 중요한 이유다. 이름과 비주얼을 함께 묶
어 사용하면 오랫동안 많은 이득을 얻을 수 있다.

그러나 브랜드명, 비주얼 해머, 언어적 못 사이에 조화가 부족하
면 자주 문제가 생긴다. 혼란은 다른 무엇보다도 브랜드 콘셉트를
끝장낸다.

미네소타의 지역 맥주 햄스(Hamm's)는 브랜드명만 봐도 쉽게 알 수
있듯이 햄스 가족이 처음으로 만들었다.

햄스 맥주의 브랜드를 구축한 것은 두 가지 뛰어난 광고 아이디

어였다. 첫 번째는 "하늘색 광천수가 나오는 땅에서 왔습니다(From the land of sky-blue waters)"라는 문구에 톰톰 연주 소리와 함께 나오는 시엠송이었다.

두 번째는 검정색과 흰색으로 채색된 곰으로, 춤을 추는 만화 캐릭 터 샤샤(Sascha)였다.

샤샤 곰은 지난 30년이 넘는 기간 동안 햄스 맥주에 등장하면서 인기를 끌었다.

소유주가 여러 번 바뀐 햄스 맥주는 현재 밀러쿠어스(MillerCoors)가 인수해 판매하고 있다. 그러나 이미 예전의 브랜드가 아니다. 지금 은 매대 아래쪽에서나 찾을 수 있는 저가 맥주가 되었다.

안타깝게도 햄스 맥주는 지속적인 비주얼과 언어적 전략이 있는 또 하나의 쿠어스가 되지 못했다.

다른 많은 브랜드처럼 햄스의 이름은 비주얼 해머인 샤샤 곰과 관련이 없으며, 언어적 못인 "하늘색 광천수가 나오는 땅에서 왔습 니다"와도 무관했다.

브랜드의 수가 급증하고 생활이 더 복잡해지면서 브랜드명, 비 주얼 해머, 언어적 못 이 세 가지의 결합이 더 중요해졌다.

각각의 뛰어난 세 가지 아이디어는 하나로 조합된 아이디어만 못하다. 더 유동적인 사회가 되고, 교통수단과 미디어의 발달로 더 많이 여행을 하게 되면서 비주얼 해머의 필요성은 더욱 커졌다.

소매점 분야는 이름만으로 자사를 차별화해야 한다. 되도록 외부 간판이 크면 클수록 더 좋다.

반면 성공한 몇몇의 소매점은 그들의 브랜드 정체성을 나타내기 위해 강력한 시각적 상징을 활용한다. KFC의 커널 샌더스, 칠리스(Chili's)의 고추, 레드 로브스터의 빨간 바닷가재가 그렇다.

아웃백(Outback)은 오스트레일리아에서 첫 번째로 만들어진 스테이크하우스다. 아웃백을 설립한 기업가가 브랜드를 알아볼 수 있게 시각적 상징을 개발했을 것이라고 생각할지 모른다.

아웃백은 브랜드를 차별화하기 위해 롱혼(Longhorn)을 활용한 롱혼 스테이크하우스(LongHorn steakhouse)를 모방해야 했다.

마케팅은 첫째는 구어, 둘째는 문어, 셋째는 비주얼 이 세 가지 주제를 다룬다. 머리는 각각에 다르게 반응한다.

'아웃백 스테이크'라는 말을 들으면 '오스트레일리아의 스테이크하우스'가 곧바로 떠오른다.

'아웃백 스테이크'라는 글자를 볼 때는 그렇지 않다. 인쇄된 단어를 완전히 이해하기 위해서는 별도의 단계를 거쳐야 한다. 활자로 표현된 시각적 상징을 당신의 뇌가 이해할 수 있게 청각적 소리로 바꿔야 한다. 그래서 시간과 노력이 필요하다.

비주얼은 다르다. 사이즈나 형태, 특이한 캐릭터 때문에 시각적으로 끌렸다면 청각적 변환 없이 즉시 인상에 남는다. 그래서 특이한 동물이 대개 일반적인 동물보다 훨씬 더 효과적이다.

이는 슈퍼마켓에 있는 고급 식품점 브랜드에 '돼지 머리(Pig's head)'가 아닌 '보어스 헤드(Boar's Head: 멧돼지 머리)'라고 이름 붙인 이유이기도 하다.

비록 멧돼지가 야생 돼지에 불과하지만, 엄니가 튀어나온 독특한 비주얼은 브랜드를 기억에 남긴다.

브랜드명인 보어스 헤드의 문자 그대로의 의미 역시 전혀 문제가 되지 않는다[돼지 머리는 TV 쇼 〈기이한 음식(Bizarre Foods)〉의 진행자 앤드루 지먼(Andrew Zimmern)이 아니면 잘 먹지 않는 부위다].

또한 독특하고 특징 있는 브랜드명은 소비자가 브랜드와 특정한 제품 영역을 연상할 수 있도록 두 번째 의미로 발전될 것이다. 보어스 헤드에서 조제된 고기를 떠올리는 것처럼 말이다.

언어적 못이 부족해도 보어스 헤드는 독특한 비주얼 해머 덕분에 성공적인 브랜드다.

그러나 브랜드명, 비주얼 해머, 언어적 못을 결합할 때, 비로소 빈틈없는 브랜드를 구축할 수 있다. 살충제 브랜드 로치 모텔(Roach Motel)은 브랜드명, 비주얼 해머, 언어적 못을 조화롭게 결합한 좋은 예다.

'모텔'은 흔한 단어이지만, 살충제 브랜드에는 처음 쓰였기 때문에 특별히 기억에 남는다. 게다가 로치 모텔 브랜드의 끝내주는 언어적 못은 "로

치(Roach: 바퀴벌레)가 체크인은 하지만 체크아웃은 못합니다(Roaches check in but they don't check out)"였다.

펭귄은 독특한 동물이기 때문에 리눅스가 비주얼 해머로 펭귄을 택한 것은 좋은 선택이었다.

비록 리눅스가 PC OS 시장의 5% 만 점유하지만, 리눅스라는 브랜드명은 꽤 알려졌다.

리눅스의 언어적 못은 브랜드를 가장 인기가 있는 '오픈소스 (open-source)' OS로 자리매김시켰다.

리눅스와 마이크로소프트를 비교하면 마이크로소프트가 시장의 90% 를 차지하지만, 과연 얼마나 많은 사람들이 윈도우에 강력한 시각적 충격을 받았을까?

윈도우 심벌은 매력적이지만, 독특하거나 차별화되지 않는다. 네 개의 사각형(Four Square)은 수십억 달러 가치의 브랜드에 적합한 비주얼은 아니다.

2005년 구글은 휴대폰용 소프트웨어를 만드는 안드로이드를 인수했다. 아이폰의 뒤를 이어 구글은 제대로 태세를 갖춘 듯했다.

자사의 폰이 계획대로 개발되지 않자 구글은 애플의 아이폰과 경쟁할 모바일 플랫폼으로 안드로이드를 소개했다.

운영 체제의 이름을 인간과 닮은 로봇을 뜻하는 안드로이드로 지었듯 이 안드로이드의 비주얼 해머는 녹색 로봇이다.

이 로봇은 최첨단 제품을 위한 확실한 선택이었고, 녹색 달랑 한 색과 단순한 디자인을 결합한 것이 이 선택을 더 돋보이게 했다.

중국 음식에 관한 한 판다만큼 확실한 선택도 없다.

중국식 패스트푸드라는 것을 전달하는 판다 익스프레스는 판다 비주얼과 브랜드명을 연결시켜 소비자의 마음속에 1등으로 자리 잡았다.

최근 판다 익스프레스는 급속히 성장해 미국 시장에서 아시아 레스토랑 부문의 리더로 45%를 점유했다.

패스트푸드 레스토랑과 소매점들은 특히 그들 브랜드를 위해 독특한 비주얼 해머를 개발하지 않는 실수를 저지른다.

소매업자는 언어에 초점을 맞춰 비주얼을 '브랜드를 위한 장식' 이상으로 보지 않는 경향이 있다.

지역의 소규모 자영업체에 비해 체인점이 증가하는 하나의 이유는, 체인점이 비주얼 해머를 개발하려는 경향이 있기 때문이다.

중국 음식점 중 판다 익스프레스처럼 시각적으로 쉽게 눈에 띄는 곳은 많지 않다.

인터넷 서핑도 마찬가지다. 웹 사이트는 자신의 브랜드가 순조롭게 잠재 고객의 마음속에 자리 잡게 하려면, 독특한 비주얼 해머를 만들 필요가 있다.

수백 개의 소셜 네트워킹 사이트가 지난 10년간 등장했지만, 트위터처럼 성장한 기업은 많지 않다.

트위터는 시각화할 수 있는 브랜드명을 선택했고, 140자 메시지에 집중했으며, 메시지를 "트윗(tweets)"이라고 불렀다. 이 세 가지 아이디어의 결합은 아주 멋진 조합을 이루었다. 전 세계적으로 트위터는 2억 8800만 명이 사용 중이다.

트위터는 다양한 새를 비주얼로 활용했었지만, 지금은 현명하게도 단순한 이미지와 한 가지 색만 사용한다(아마도 비둘기는 아주 예쁜 새는 아니지만, 매우 강력한 비주얼 해머다).

비주얼로 활용되는 흔치 않은 동물 중 하나가 아시아 비둘기와 먼 친척 관계인 거대한 새 도도(dodo)다.

도도는 1598년 이전에는 사람이 살지 않던 섬 마우리투스(Mauritius)

에만 서식했다.

겁이 없고 어린이처럼 순수한 도도는 섬에 처음 도착한 정착민에게 경계심 없이 다가갔다가 식용으로 포획되었다. 1681년에는 섬에 있던 도도가 모두 멸종되었다.

도도는 전통적인 제본 방식을 활용해 대나무와 천으로 만든 아이패드 케이스 '도도케이스(Dodocase)'의 비주얼 해머가 되었다.

검정색 커버 한 가지만 판매하는 도도케이스는 아이패드 사용자들 사이에서 입소문으로 전파되었다. 발상을 전환해 이루어낸 도도케이스의 성과였다.

"멸종으로부터 보호(Protects from extinction)"는 도도케이스의 언어적 못이었지만, 실제로는 이와 반대로 도도의 멸종을 막지 못했다. 그러나 문제가 되는 것은 아니다. 멸종 위기에 처한 도도를 지키려는 마음이 소비자의 생각을 되돌려 도도케이스의 언어적 못을 현실로 받아들였기 때문이다.

비주얼의 힘이 빠르게 전달되는 두 가지 좋은 사례는 정지 표지판과 정지신호다.

빨간 신호와 팔각형 모양의 정지신호는 운전자가 '정지'라는 단어를 문자로 이해하기 전에 '정지'라는 의미를 전달한다.

정지신호가 비주얼 대신 언어로 구성되었다면, 사고를 막기 어려웠을 것이다. 신호등이 빨강, 노랑, 초록 대신에 '정지, 주의, 출발(stop, caution and go)'이라고 쓰여 있다면 교통사고율은 두 배가 될 것이다.

　왜 많은 브랜드는 언어적으로 접근하고 비주얼을 무시하는가? 이해할 수 없다.

　언어적으로 접근하는 브랜드 담당자는 잠시 운전해보면 답을 알 수 있다. 도로 위 신호등은 언어가 아닌 비주얼로 알려준다. 이것이 비주얼의 힘이다.

12

유산

과거를 일하게 하다

2003년 뉴욕 웨인스콧의 철제로 된 보관함에서 잭슨 폴락(Jackson Pollock)이 그린 것으로 보이는 32점의 그림이 발견되었다.

갈색 종이로 포장해 끈으로 묶어놓은 그림에는 1940년대에 폴락이 손으로 쓴 라벨이 붙어 있었다.

전문가들은 이 그림들이 진품이라면 1000만 달러의 가치가 있다고 감정했다. 그러나 가짜일 경우는 다른 제품들이 그렇듯이 거의 가치가 없다.

프라다 핸드백을 매장에서 1800달러에 구입하면 그만큼의 가치가 있다.

프라다를 흉내 낸 핸드백을 거리

에서 50달러에 구입한다면 마찬가지로 그만큼의 가치가 있다.

만약 당신이 어디에서 쇼핑하는지에 주의한다면, 오늘날 가짜 브랜드는 그리 큰 문제가 되지 않는다. 그러나 유사 브랜드는 문제다. 명품 브랜드와 같아 보이고 같은 냄새와 맛을 내는 브랜드들이 있다. 하지만 누구도 그들의 브랜드명이나 상징하는 것을 알지 못한다.

슈퍼마켓, 약국, 옷가게, 모든 유형의 상점은 많은 유사 브랜드로 채워져 있다.

'유산(heritage)'이라는 비주얼 해머는 브랜드가 진품임을 입증하고 유사품과 차별화한다.

오늘날 소비자들은 제품이 진품이기를 간절히 원한다. 이럴 경우 맥도날드의 유산인 로널드 맥도날드(Ronald McDonald) 같은 가공의 캐릭터조차 브랜드를 입증하는 데 도움이 될 수 있다. 어린이들은 로널드가 자신이 좋아하는 패스트푸드 사장님이라고 생각한다.

두 살부터 여섯 살 사이의 어린이들에게 맥도날드는, 버거킹이나 웬디스(Wendy's)를 더 선호할지도 모르는 부모님을 끌고 가고 싶은 첫 번째 브랜드다.

버거킹은 로널드 맥도날드의 강력한 힘에 대항해 무엇을 해야 하는가?

할 수 있는 것이 아무것도 없었다. 가장 좋은 전략은 경쟁자의 장점을 무시하고 약점을 공략하는 것이다. 버거킹은 10대와 성인 시장에 집중했어야 했다(아버지는 한때 '뜨겁게 타오르는 불꽃처럼 자라라'라는 전략으로 10대 이상의 청중에게 다가갈 것을 버거킹에 제안했다).

그런데 버거킹은 매장 내에 놀이 터를 설치하고, 장난감을 함께 주는 어린이 메뉴를 제공하는 등 맥도날드를 따라 했다. 게다가 맥도날드의 로널드를 모방한 왕을 등장시켰다(왕은 멋지기보다는 섬뜩해 보이는 얼굴의 이름 없는 캐릭터였다).

경쟁사를 모방하는 것은 좋은 아이디어가 아니며, 왕은 그다지 바람직한 모방이 아니었다. 로널드는 따뜻한 반면, 왕은 차갑고 거리감이 있어 햄버거 체인의 상징으로는 좋지 않았다.

10년 전 미국 시장에서의 전 매장당 평균 매출을 살펴보면 맥도날드가 버거킹보다 66% 높았다.

지금도 맥도날드가 버거킹보다 113% 더 많이 팔린다.

은행업에서는 햄버거처럼 크기가 장점이다. 대형 은행은 소형 은행보다 더 많은 지점과 ATM기를 갖췄고, 거리에서 더 쉽게 찾아볼 수 있다.

미국에는 전 세계 여느 나라보다 많은 7000여 개의 은행이 있다. 그러나 이 분야를 지배하는 은행은 시티그룹, 뱅크 오브 아메리카 (Bank of America), JP 모건 체이스(JP Morgan Chase), 웰스 파고(Wells Fargo) 등

네 개다. 웰스 파고는 이 중 가장 작지만 수익성이 가장 좋은 은행이다.

다음은 지난 10년간 4 대 은행의 수익과 순이익률이다.

시티그룹	11억 4500만 달러	7%
뱅크 오브 아메리카	11억 100만 달러	8.4%
JP 모건 체이스	10억 1000만 달러	13.5%
웰스 파고	6억 8600만 달러	16.8%

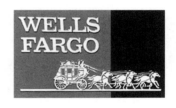

역마차는 웰스 파고의 비주얼 해머로, 사람들에게 존 포드(John Ford)의 고전 영화 〈역마차(Stagecoach)〉를 비롯해 서부영화의 상징으로 잘 알려져 있다.

전산 시스템이 잘 갖춰진 은행이 오래된 역마차를 사용하는 이유는 무엇일까?

마케팅 분야에서는 옛것은 나쁘고 새것은 좋은 것이라는 믿음이 있다.

이것이 바로 미국의 거대 기업에서 혁신이 강조되는 이유다. 그들은 경쟁에서 앞서가기를 원한다.

혁신이 잘못된 것은 아니다. 새로움은 좋은 것이지만 때로는 오래된 것이 더 좋을 수 있다. 오래됨은 강력한 첨단 브랜드를 구축하는 데 토대가 된다.

역마차는 150년 이상 된 웰스 파고를 상징하기 때문에 웰스 파고의 좋은 비주얼 해머다.

그러나 "우리는 함께 멀리 갈 것입니다(Together we'll go far)"라는 웰스 파고의 언어적 못은 상대적으로 약하다. 역마차를 타고서 아주 멀리 가거나 매우 빨리 달리지 못한다. 멀리 혹은 빨리 가려면 자동차나 비행기를 타야 한다.

웰스 파고는 '다른 은행은 부침이 심했지만, 웰스 파고는 150년 이상 재무 성과를 내왔습니다'라는 아이디어로 재무 안전성을 강조하는 것이 더 나았을 것이다.

웰스 파고는 실제로 은행이자 역마차로 우편물을 운반하는 회사였지만, 회사와 브랜드는 또한 신화적인 콘셉트로 성공할 수 있다.

보드빌 송 「올드 앤트 제미마(Old Aunt Jemima)」는 19세기 민스트럴 쇼에 등장한 아프리카계 미국인 캐릭터에 처음으로 영감을 주었다.

1889년 밀가루 제조업체는 팬케이크 믹스에 앤트 제미마(Aunt Jemima)라는 이름을 붙였다.

현재 피나클 푸드(Pinnacle Foods)에 인수된 앤트 제미마는 팬케이크 믹스의 선도 브랜드이며, 시럽과 다른 아침 식사 제품의 브랜드명으로도 사용되고 있다.

소비자는 이성적으로 앤트 제미마 같은 캐릭터가 제품을 판매하기 위해 만들어졌다는 것을 알지만, 감성적으로는 다르게 받아들인다. 그리고 여기에 비주얼 해머가 중요한 역할을 한다.

감성적으로 앤트 제미마라는 이름과 비주얼은 앤트 제미마가 실존 인물이며 매우 좋은 요리사라고 인식하게 한다. 그렇지 않다면 왜 소비자들이 팬케이크 믹스를 '앤트 제미마'라고 부를까?

만약 앤트 제미마가 허구의 이름이라면 졸리 그린 자이언트(Jolly Green Giant)와 잘 알려진 "호! 호! 호!"는 없었을 것이다.

그리고 베티 크로커(Betty Crocker), 필스버리 도보이(Pillsbury doughboy), 키블러 엘비스(Keebler Elves)도 없었다.

졸리 그린 자이언트와 다른 심벌들은 브랜드를 의인화한 비주얼 해머다.

이는 브랜드가 단어 하나만으로는 할 수 없는 소비자와의 유대감을 만든다.

그린 자이언트는 한때 버즈 아이(Birds Eye)가 개척한 냉동 야채 분야에서 선두를 달리던 브랜드였다.

버즈 아이는 지난 10여 년간 1등의 자리를 탈환했으며, 이런 성과를 이루는 데 냉동식품 영역에서 첫 번째 브랜드라는 인식이 도움이 되었다.

그린 자이언트가 냉동 야채 영역에서 리더십이 약화된 것은 야채 통조림으로 브랜드를 확장했기 때문이다. 이는 너무나 많은 브랜드가 범하는 고전적인 실수이며, 제너럴리스트(그린 자이언트)보다 스페셜리스트(버즈 아이)가 뛰어남을 보여주는 예다.

우위에 선 브랜드를 구축한 또 다른 가공의 인물은 미스터 클린(Mr. Clean)이다. 미스터 클린은 1958년에 출시한 브랜드를 위해 가상의 대변인 역할을 했다.

만들어진 지 6개월 만에 미스터 클린은 1등 세제 브랜드가 되었으며, 미국 텔레비전 광고 역사상 가장 오래 방송된 시엠송을 만들었다.

미스터 클린은 단 몇 분 만에 먼지, 때, 기름을 제거합니다
Mr. Clean gets rid of dirt and grime and grease in just a minute

미스터 클린은 당신의 집을 몽땅 청소해줄 것입니다
Mr. Clean will clean your whole house and everything that's in it

미스터 클린이 지금까지 성공을 거뒀듯이 이후에도 잘해낼 것이라고 생각하지 않는다. 최근에 P&G는 자동차 세차 매장을 전국에 개점하면서 미스터 클린을 집 밖으로 데려와 사용하고 있다.

미국에서 전국적인 주유소 체인으로 셸(Shell), 렌트카 체인으로

허즈(Hertz), 윤활유 체인으로 지피 루
브(Jiffy Lube)가 있었지만, 세차 체인은
없었다. 그것은 소비자의 마음속에
빈 공간이 존재하며, 그 공간이 언젠
가 어떤 브랜드에 의해 채워질 것임을 의미한다.

그러나 미스터 클린은 그 공간을 채울 수 없다. 이 브랜드는 세
차가 아닌 가정용 세제로 너무나 확고하게 인식되었기 때문이다.

매우 유감이다. 붐비는 고속도로에 위치한 소매점은 반드시 비
주얼 해머가 필요하다.

스타벅스의 인어, 타깃의 타깃, 맥도날드의 황금 아치, 웬디스의
갈래머리 소녀처럼 운전자의 눈길을 사로잡고, 브랜드, 제품, 서비
스를 신속하게 전달할 필요가 있다.

만약 성공한다고 해도 미스터 클린은 가정용 세제에서 자동차용
세제로 비주얼 해머를 바꾸는 데 오랜 시간이 필요하다.

P&G는 플랜터스(Planters) 브랜드가 프레첼, 감자칩, 콘칩, 치즈 과
자 등 다양한 과자로 제품군을 확장했을 때, 미스터 땅콩(Mr. Peanut)
캐릭터가 어떤 운명을 맞았는지 참조했어야 했다.

감자칩에 땅콩 브랜드? 감자칩 소비자 대부분은 이해할 수 없
었다.

이것이 마케팅의 역설이다. 아무런 의미가 없는 약한 브랜드명
은 다른 영역으로 제품군을 확장할 수는 있지만, 누가 약한 브랜드

와 함께하기를 원하겠는가?

반면 땅콩 제품 시장을 선점한 플
랜터스와 같은 강한 브랜드명은 제품
군을 확장할 수 없다. 그러나 강한 브
랜드는 확장하도록 유혹을 받는다.

1916년 공모전에서 버지니아주의
한 남학생이 5달러를 수상한 작품인
작은 땅콩 인간 '미스터 땅콩' 캐릭터
는 수십 년 동안 발전해왔다.

개인적인 견해로는 미스터 땅콩은 40%의 시장 점유율을 달성한
플랜터스 브랜드에 없어서는 안 될 존재였다.

'플랜터스(Planters)'라는 브랜드명을 생각해보라. '재배자(growers)',
'생산자(producers)', '농부(farmers)'처럼 평범하며 약한 브랜드명이다.

비주얼 해머인 미스터 땅콩은 플랜터스를 평범한 이름을 쓰는
브랜드보다 특별한 브랜드로 보이게 한다.

또한 미스터 땅콩 역시 브랜드를 의인화한 것인데, 이는 언제나
좋은 생각이다.

랜드 오 레이크스(Land O Lakes)의 버
터 포장지에 그려진 인디언 아가씨
역시 브랜드를 의인화하는 데 도움이
되었다.

인디언 아가씨는 1928년 처음 만들어진 이래 조금씩 수정되었다. 인디언 소녀를 선택한 것은 훌륭한 생각이었다.

소녀는 랜드 오 레이크스 버터의 자연의 순수함을 전달했다.

새로운 브랜드를 출시하는 기업은 자사의 브랜드가 최신이라는 생각을 전달하기 위해 추상적인 이미지를 사용하는 오류를 쉽게 범한다.

파네라 브레드(Panera Bread)의 상징이 그 예다. 추상미술은 예술 비평가들의 반향을 일으킬지도 모른다. 하지만 '빵'이라는 단어를 제외하면 파네라

의 로고마크를 보고 샴푸 브랜드라고 생각할지도 모르는 일반 대중에게서는 큰 반향을 일으키지 못한다.

실제로 파네라 브레드는 성공적인 샌드위치 체인이다. 1777개 지점이 있으며 연간 24억 달러의 매출을 올렸다. 파네라는 미국에서 가장 큰 '베이커리 카페' 체인이다.

그러나 비주얼 해머가 있었다면 브랜드 자체는 더욱 강력해질 수 있었다. 현재 비주얼은 머리가 날리는 여성이 빵 한 덩어리를 안고 있는 모습인데, 이를 좀 더 현실감 있게 보여줄 필요가 있다. 사람들 대부분은 '예술적인' 이미지를 무시하고 '파네라'라는 단어에 집중한다.

인쇄된 단어는 이해되기 전에 뇌를 통해 소리로 변형되어야 하

는데, 소리로 변환하는 데는 시간이 걸린다.

비주얼 해머는 대부분 즉시 이해될 수 있기 때문에 언어적 못과 조합된 비주얼 해머는 단독으로 사용된 단어보다 우수하다.

몇몇 경우를 제외하고 유산을 나타내는 비주얼 해머를 사용하는 것은 예술적인 측면을 포기하는 것처럼 보인다. 그 대신에 마케팅 매니저 대부분 브랜드를 멋지게 포장하려 한다.

왜 포장을 개선하려 하는가? 많은 마케터가 자사의 브랜드가 오래되고 시대에 뒤떨어졌다는 것을 나타낼지 모르는 시각적 요소를 없애려 하기 때문이다.

그러나 보르도(Bordeaux) 와인처럼 수십 년간 그대로 존재했다는 것은 장점이지 단점은 아니다.

소비자를 생각하는 것은 좋지만, 브랜드는 시간의 흐름을 잘 견뎌내야 한다.

펩시콜라는 113년의 역사를 지우고자 새로운 광고와 포장지 개선에 수백만 달러를 썼다.

게다가 더 심각한 것은 펩시콜라가 지난 수십 년간 일어난 급격한 변화를 시각적으로 보여주는 '복고(throwback)' 에디션을 최근에 소개했다는 것이다.

이것은 좋은 아이디어였을까? 특히 그 캔에 "진짜 설탕으로 만든 (Made with real sugar)"이라는 문구를 부착한 것은 좋은 아이디어였을까?

이는 펩시 제품이 최근까지 고과당의 옥수수 시럽으로 만들어졌다는 것을 소비자에게 상기시킨다.

게다가 디자인 문제도 있다. 이는
소소하게 디자인을 수정한 것이지만,
펩시콜라는 과거의 역사를 너무나 많
이 버렸다.

타이포그래피와 색깔을 달리해 로고타이프는 11번이나 다시 디
자인되었다.

펩시콜라는 콜라 시장에서 줄곧 2위였다. 최근에 펩시는 코카콜
라, 다이어트 코카콜라에 이어 3위로 떨어졌다.

반면 코카콜라는 유산을 잘 수용했다.

코카콜라는 처음 출시된 1886년
이후 지금까지 스펜서체의 손 글씨
를 사용하고 있다.

오늘날 코카콜라는 세계에서 세
번째로 가치가 높은 브랜드다. 유산을 지키고 과거가 일하게 할 때
발전할 수 있다.

13

비주얼 해머 찾기

오래전 빌 번바흐(Bill Bernbach)는 팀 제도를 도입해 광고업계를 혁신했다.

빌 번바흐 이전에는 카피라이터가 카피를 쓴 후 아트 디렉터에게 전달하면 아트 디렉터가 이를 시각화했다.

번바흐는 광고를 만들기 전 전략을 개발하기 위해 과감히 카피라이터와 아트 디렉터를 한 팀으로 묶어 그들이 함께 일하도록 시스템을 바꿨다.

카피라이터와 아트 디렉터 팀은 이전에 볼 수 없던 수준으로 광고를 발전시켰다. 종종 광고의 황금시대라 불리며 텔레비전 드라마 〈매드맨(Mad Men)〉 시리즈에 의해 널리 알려졌던 팀 제도는 오늘날의

광고업에서도 여전히 널리 사용되고
있다.

하지만 브랜드에 팀 제도의 장점
을 도입하기 위해 고액의 연봉을 주고
광고 회사의 카피라이터 또는 아트 디렉터를 고용할 필요가 없다.

당신의 머릿속에 당신 또한 일할 수 있는 팀을 가지고 있다. 좌
뇌는 카피라이터가 되고 우뇌는 아트 디렉터 역할을 하면 된다.

불행하게도 좌뇌는 아는 체하는 거만한 독재자다. 우뇌가 잠재
적으로 만든 시각적 발상을 무시해버린다.

분석을 담당하는 좌뇌가 문제에
집중할 때, 논리는 직관을 물리친다.

전체를 보는 우뇌는 여전히 발언
권이 있지만, 다른 쪽 보스(좌뇌)에 의
해 무색해진다.

좌뇌는 언어적, 우뇌는 시각적

결국 대부분 사람들은 완전히 언어적이며 분석적이 된다. 우리
는 단어의 세계에 살며, 단어로 생각하고 글을 쓰며 단어로 말한다.

디지털 혁명으로 우리는 이전과 달리 많은 단어와 무차별로 만
난다.

전 세계적으로 매일 1800억 개의 이메일이 발송된다. 트위터에
서는 하루 5억 개의 트윗이 만들어지고, 10억 개 이상의 웹 사이트
와 1억 5000만 개의 블로그가 있다.

단어의 세계에 살면 비주얼 세계를 언어적 현실에 딸린 것으로 보는 경향이 있다. 그렇지만 자연은 언어가 아니라 비주얼이다.

공원을 산책해보라. 바다에서 스쿠버다이빙을 해보라. 등산을 해보라. 이것이 현실이며, 자연에는 단어가 없다. 단어는 자연의 실체와 소통하기 위해 사람들이 만든 유용한 도구다.

사진, 일러스트레이션, 그림도 매우 인위적이지만, 단어보다는 자연을 직접 재현한다.

아기 사진의 경우 작가가 얼마나 숙련되었든, 카피가 얼마나 잘 다듬어졌든 간에 단어만으로는 사진의 감성적인 힘을 포착하지 못한다.

단어 하나로는 말보로 카우보이, 코카콜라 컨투어병, 아플락 오리의 감성적인 힘을 대신할 수 없다. 이와 같은 비주얼 해머가 세계적으로 잘 알려진 가치 있는 브랜드를 만든다.

전형적인 마케팅 기획서를 보면 수십 쪽 분량에 수천 단어가 있지만, 비주얼 해머가 해야 할 역할에 대해서는 거의 언급하지 않는다. 단어가 중요하지 않다는 말은 아니다. 단어 역시 중요하지만, 비주얼의 도움 없이는 소비자의 머릿속에 자리 잡기 어렵다.

비주얼 해머는 좌뇌가 아이디어를 언어화하고 저장하도록 동기를 부여하는 소비자의 우뇌에 감성적인 영향을 준다.

우뇌는 우리가 생각하는 것이 무엇을 의미하는지에 대해 정상적인 감각으로 생각하지 않는다. 감성적이며 무의식적으로 행동한다.

감정은 논리가 아니다. 사랑, 즐거움, 슬픔, 위험, 걱정, 두려움의 의미를 설명해보자.

감정은 진실이지만 언어화하기 어렵다.

타고난 성향과 달리 좌뇌가 창의적인 과정을 맡도록 할 방법을 논하기 전에, 마케팅에서 비주얼 해머의 역사를 간단하게 살펴보면 도움이 될지 모른다. 세 가지 단계가 있다.

1단계: 관계없는 해머

해더웨이(Hathaway) 셔츠에 안대를 한 남자, 켈로그 프로스티드 플레이크의 호랑이 토니, 스타벅스의 인어를 사례로 들어보자.

안대, 호랑이, 인어는 추가된 요소이며, 브랜드와 직접 관련이 없다.

단기적으로, 관계없는 비주얼도 놀라운 효과를 발휘할 수 있다.

일단 브랜드명과 논리적으로 연결된 시각적 상징을 사용할 필요가 없다. 선택할 수 있는 것은 무한하다. 찾을 수 있는, 최대한 충격적이고 흔하지 않은 비주얼을 사용하라.

장기적으로 비주얼이 브랜드와 무관하기 때문에, 비주얼 해머는 장기적이고 대중적인 광고가 뒷받침되지 않는다면 보통은 그 효과를 잃게 될 것이다.

해더웨이는 한때 상당한 시장 점유율을 보였지만, 지금은 아니다. 해더웨이 대신에 랄프 로렌이 셔츠 브랜드의 지배자가 되었다.

2단계: 관계된 해머

"갓 밀크(Got milk)" 캠페인의 우유 수염, 아플락의 오리, 게이코의 게코, 랄프 로렌의 폴로 선수를 사례로 들 수 있다.

해더웨이 셔츠의 안대처럼 폴로 선수가 랄프 로렌과 무관한 비주얼인가?

그렇지 않다. 누구나 눈을 다칠 수 있지만 폴로 경기는 부유한 사람만 할 수 있다. 안대는 충격적인 비주얼이고 어쩌면 폴로 선수보다 더 주목을 끈다.

그러나 폴로 선수는 랄프 로렌 브랜드가 원하는 '상류층'이라는 이미지를 전달한다.

이것이 관계없는 해머와 관계된 해머의 차이점이다. 관계된 비주얼은 특성을 더 잘 전달한다.

특히 비주얼 해머가 랄프 로렌이 간과해온 강한 언어적 못으로 강화된다면, 특히 더 그렇다.

3단계: 내재된 해머

과거 비주얼 해머 대부분은 마케팅 효과를 높이기 위해 마케팅 프로그램에 포함되었다.

최근 들어 가장 극적인 발전은 홍보 중인 제품과 서비스에 담긴 비주얼 해머를 도입한 것이다.

미소니(Missoni)의 지그재그 디자인, 애플 아이팟(Apple iPods)의 흰색 이어폰, 크리스티앙 루브탱(Christian Louboutin) 밑 창이 빨간 구두, 메이커스 마크 버번

(Maker's Mark bourbon)의 흘러내리는 빨간색 밀랍 봉인, 코로나(Corona) 병의 라임, 롤렉스(Rolex)의 시곗줄을 사례로 들 수 있다.

내재된 비주얼 해머는 관계된 해머나 관계없는 비주얼 해머보다 더 진품임을 나타낸다.

호랑이 토니가 진짜로 프로스티드 플레이크를 훌륭하게 생각한다고 누가 믿겠는가? 유명인이 자신이 출연한 우유를 마시면서 하얀 수염을 만들겠는가? 더구나 우유를 실제로 마시겠는가?

게다가 내재된 해머는 모든 경우에 항상 바람직한 것은 아니지만, 대형 광고 캠페인이 없어도 계속 작용을 한다.

새로운 브랜드를 출시할 때, PR을 할 것을 강력히 추천한다[나의 책 『마케팅 반란(The Fall of Advertising & the Rise of PR)』 참조]. 하지만 기성 브랜드의 경우에는 그 반대로 해야 한다.

광고는 보험과 같다. 어떤 것도 막대한 광고 예산 이상으로 기성 브랜드를 더 잘 보호하지 않는다. 롤렉스, 나이키, 맥도날드, 코카콜라 같은

브랜드는 자사 브랜드를 보호하는 데 수백만 달러의 광고비를 쓰기 때문에 경쟁에서 안전하다.

그러나 코카콜라나 나이키 같은 대기업과 달리 충분한 광고비가 없다면 어떻게 하겠는가?

잡음 이상의 효과를 얻을 만큼 충분히 자금을 투입할 수 없다면 차라리 전혀 투자하지 않는 편이 나으므로, 광고는 포기하는 것이 좋다.

기쁜 소식은, 광고 없이도 작은 회사가 거대 기업에 맞서는 데 내재된 해머가 도움이 된다는 사실이다.

내재된 비주얼은 단어가 홀로 쓰일 때보다 훨씬 강력하기 때문에 모든 간판, 웹 사이트, 브로셔, 트위터의 힘을 증폭시킴으로써 마케팅 자원의 부족을 메울 수 있다.

이 책에서 강조한 비주얼 해머의 효과가 있음에도 실제로 몇 안 되는 브랜드만이 비주얼 해머가 갖는 이점을 발전시킬 수 있다.

오늘날 대부분의 브랜드는 불분명한 언어적 주장으로 마케팅을 한다. 알파벳 A로 시작하는 기업의 언어적 포지션은 다음과 같다.

에트나 Aetna	우리는 당신이 알기를 원합니다 We want you to know
아메리칸 에어라인 American Airlines	우리는 당신이 왜 비행하려는지 압니다 We know why you fly
미국암협회 American Cancer Society	공식적인 생일 후원사 The official sponsor of birthdays
아메리칸 익스프레스 American Express	책임진다 Take charge
AT&T	세상을 움직인다 Mobilizing your world
아우디 Audi	엔지니어링의 진리 Truth in engineering

이 회사들은 시각화할 수 없는 언어적 아이디어를 사용했다.

이 언어적 아이디어는 의미가 있지만, 비주얼이 부족해 감성적 충격이 거의 없거나 기억에 남지 않는다.

이런 일은 많은 브랜드가 비주얼 해머 없이 순수하게 언어적 아이디어만 사용하기 때문에 생긴다.

전형적으로 기업은 광고 회사와 함께 작업하거나 언어적으로 표현된 포지셔닝 전략을 독자적으로 개발할 것이다.

경영진이 포지셔닝 전략을 '결재'하면, 다음 단계는 단어, 사진, 영상으로 전략을 실행하는 것이다.

다시 말해 언어적 아이디어에 구애를 한다.

거기서 바로 멈추라. 전략을 실행하기 전에 비주얼 해머는 무엇인지 스스로에게 물으라. 대부분의 언어적 아이디어는 시각화할 수 없다. 예를 들면 "우리는 당신이 왜 비행하려는지 압니다"를 어떻게 시각화할 것인가?

비주얼 해머가 없으면 마케팅 프로그램은 가장 강력한 수단을 잃게 된다.

다시 한번 강조한다. 비주얼 해머는 소비자에게 도달하는 가장 효과적인 방법이다.

하지만 마케팅 프로그램 99%는 이 하나가 부족하다.

비주얼 해머의 힘이 있더라도 못은 여전히 중요하다. 결국 못은 마케팅 캠페인의 목표이며, 해머는 단지 수단이다.

실무에서 효과적이고 통합된 마케팅 캠페인을 개발하기 위한 해머와 못의 활용 방안은 다음과 같다.

먼저, 좌뇌를 활용해 하나의 단어와 콘셉트로 전략의 핵심을 강조한다.

언어적 콘셉트가 만족스럽다면 더는 고민하지 마라. 산책하거나 낮잠을 자거나 목욕을 하면서 긴장을 풀라.

잠시 공상을 하며 논리적이며 분석적인 좌뇌가 방해하지 못하게 우뇌를 작동시키라.

많은 위대한 아이디어는 문제에 집중할 때가 아니라 편히 쉴 때 머릿속에 생겨나며, 해결 방안이 떠오른다.

가장 성공적인 캠페인 중 하나로 알려진 앱솔루트 병의 캠페인 아이디어는 아트 디렉터 제프 헤이스(Geoff Hayes)가 목욕탕에서 생각해냈다.

희망을 갖고 한두 시간 편하게 있으면 의식적인 노력 없이도 비주얼이 떠오를 수 있다. 이것이 우뇌가 일을 하는 방식이다. 감정이 강요받아서는 안 된다.

만약 비주얼 아이디어가 떠오르지 않는다면? 출발점으로 돌아가서 마케팅 전략의 또 다른 언어적 표현을 찾아보라.

비주얼 해머로 작용할 수 있는 것을 만들어내기 위해 기존에 제안된 언어적 포지션을 희생시킬 필요가 있다.

BMW의 경우 몇 년 전에 포지셔닝 전략으로 '성능'을 선택했다.

이 선택은 논리적으로 타당했으며 자동차 잡지에서 BMW 차량에 대해 내린 호의적인 평가와 일치했다. 그러나 성능이라 불리는 언어적 못을 움직일 수 있는 비주얼 해머는 어디에 있는가?

BMW는 이를 대신해 텔레비전에서 시각화할 수 있는 포지셔닝 전략과 언어적 콘셉트로 '주행'을 선택했다.

실제로 대부분의 마케팅 프로그램에서 비주얼 해머가 부족한 이유를 곧 깨닫게 된다. 언어적 아이디어가 지나치게 광범위하기 때문이다.

해머를 개발하기 위해서는 극적인 방식으로 시각화할 수 있는 제한된 초점이 필요하다.

광범위한 사람들에게 인기를 끌지 못하는 제한된 콘셉트라도 초조해하지 말자. 아무런 자극을 주지 못하는 무난한 콘셉트보다는 시장의 세분화를 유발하는 제한된 콘셉트를 사용하는 편이 낫다.

마케팅이 비주얼의 시대로 들어서고 있다. 새로운 브랜드가 강력한 비주얼 해머를 포함하지 못하면, 새로운 브랜드는 성공하기 쉽지 않다. 옛 속담을 인용해 표현해보자.

해머가 없어 못을 잃었다
For want of a hammer, the nail was lost

못이 없어 캠페인을 잃었다
For want of a nail, the campaign was lost

캠페인이 없어 브랜드를 잃었다
For want of a campaign, the brand was lost

브랜드가 없어 회사를 잃었다
For want of a brand, the company was lost

못이 더 중요하지만, 강력한 것은 해머다. 이는 온전히 파악할 만큼 쉬운 개념이 아니다.

이것이 바로 내가 이 책을 저술한 이유다.

지은이
•
로라 리스(Laura Ries)

로라 리스는 손꼽히는 마케팅 전략가이자 베스트셀러 작가이며, TV에 출연하는 유명인사다. 포지셔닝 개념의 개척자인 아버지 앨 리스(Al Ries)와 함께 전 세계 기업을 상대로 컨설팅 활동을 하고 있다. 또한 『브랜딩 불변의 법칙(The 22 Immutable Laws of Branding)』(1998), 『11가지 불변의 법칙: 알리스의 인터넷 브랜딩(The 11 Immutable Laws of Internet Branding)』(2000), 『마케팅 반란(The Fall of Advertising & the Rise of PR)』(2002), 『브랜드 창조의 법칙(The Origin of Brands)』(2004), 『경영자 VS 마케터: 화성에서 온 경영자 금성에서 온 마케터, 그 시각차와 해법(War in the Boardroom)』(2009) 등 마케팅 분야의 베스트셀러 다섯 권을 공동으로 집필했다.

『시장을 움직이는 비주얼 해머(Visual Hammer)』는 그녀의 첫 번째 단독 저술로 미국에서 전자책(2012)으로 출간되었다. 마케팅에서 비주얼이 언어보다 더 중요하다는 획기적인 법칙을 소개한 이 책은 중국어, 러시아어, 터키어, 독일어로 번역되어 출간되었다. 그녀의 두 번째 단독 저서 『소비자를 사로잡는 슬로건(Battlecry)』은 언어적인 못 슬로건의 효율성을 높이는 전략을 소개해 이 책을 보완한다.

본업인 컨설팅 외에 〈오라일리 팩터(O'Reilly Factor)〉, 〈스쿼크 박스(Squawk Box)〉등 주요 텔레비전 프로그램에 게스트로 자주 출연하며, 폭스 뉴스(Fox News), 폭스 비즈니스(Fox Business), CNBC, CNN, HLN에도 정기적으로 출연하고 있다. 그녀는 AP(Associated Press), 블룸버그(Bloomberg), ≪월스트리트 저널(The Wall Street Journal)≫에서 자주 인용된다. 현재 조지아주 애틀랜타에 거주하면서 승마, 수영, 스키, 철인 3종 경기 등 다양한 활동을 즐기고 있다.

로라 리스의 웹 사이트 주소: www.LauraRies.com

회사 홈페이지 주소: www.Ries.com

옮긴이
•
이희복

광고 회사 MBC애드컴, 오리콤, FCB한인, 진애드에서 광고 캠페인을 진행했으며, 경주대학교 교수를 거쳐, 지금은 상지대학교 미디어영상광고학부 광고홍보 전공교수로 있다. 한국광고PR실학회 《광고PR실학연구》 편집위원장으로 있으며, 한국광고학회 편집위원을 겸하고 있다. 한국광고홍보학회 감사이며, 대한적십자사 홍보 자문교수, 한국광고자율심의기구 심의위원, 행정안전부 자문위원, 한국건강기능식품협회 자문위원, 보건복지부 혈액증진위원으로 있다. 캘리포니아 주립대학교(풀러턴) 방문교수, 한국광고PR실학회 회장, 공익광고위원회 위원, 대한민국 대학생광고대상 집행위원, 대한민국광고대상 심사위원장(TV 영상)을 역임하면서 인턴십과 공모전 등 광고홍보의 현장과 학교를 잇는 데 힘을 보태왔다.

한국외국어대학교에서 신문방송학 학사와 석사를, 경희대학교에서 광고PR을 전공해 언론학 박사 학위를 받았다. 주요 연구 분야는 광고산업과 정책, 광고카피(슬로건), 도시 브랜드, 광고 활용 교육 등이며, 《광고학연구》, 《광고연구》, 《한국광고홍보학보》, 《커뮤니케이션학 연구》 등 저널에 논문을 발표해왔다. 『브랜딩 텔레비전』(공역, 2014) 등의 역서와 『미디어 스마트』(공저, 2013), 『소셜 미디어 시대의 광고』(공저, 2015), 『광고활용교육』(2016), 『도시 브랜드 슬로건 전략』(2017), 『설득의 수사학 슬로건』(2017) 등의 저서를 출간했다.

광고는 '창의력으로 문제를 해결하는 설득'이라는 믿음이 있다.

이메일 주소: boccaccio@hanmail.net

페이스북 주소: www.facebook.com/leeheebok

시장을 움직이는
비주얼 해머

지은이 로라 리스
옮긴이 이희복
펴낸이 김종수
펴낸곳 한울엠플러스(주)
편집책임 조수임
편 집 박준혁

초판 1쇄 인쇄 2018년 6월 20일
초판 1쇄 발행 2018년 6월 29일

주소 10881 경기도 파주시 광인사길 153 한울시소빌딩 3층
전화 031-955-0655
팩스 031-955-0656
홈페이지 www.hanulmplus.kr
등록번호 제406-2015-000143호

Printed in Korea.
ISBN 978-89-460-6486-7 03320(양장)
      978-89-460-6487-4 03320(학생판)

※ 책값은 겉표지에 표시되어 있습니다.
※ 이 책은 강의를 위한 학생용 교재를 따로 준비했습니다.
    강의 교재로 사용하실 때는 본사로 연락해주시기 바랍니다.